TEACH YOURSELF BOOKS

FINNISH READER

Extracts from modern
Finnish literature

(TEACH YOURSELF BOOKS)
FINNISH READER,

Extracts from modern Finnish literature...
selected, translated and decorated by

ARTHUR H. WHITNEY, ~~M.A.~~ ~~(Lond.)~~

TEACH YOURSELF BOOKS

ST. PAUL'S HOUSE   WARWICK LANE   LONDON EC4

First printed 1971

199463

ISBN 0 340 05393 3

*Printed in Great Britain for
The English Universities Press Limited,
by Richard Clay (The Chaucer Press), Ltd.,
Bungay, Suffolk*

PREFACE

This short Reader is intended for students of the Finnish language who have worked through *Finnish* in the Teach Yourself Books series or some other text-book. It provides some reading matter from the works of modern Finnish writers (the earliest piece being the short story by Maria Jotuni, first published in 1907), with English translations. I believe this arrangement is more convenient than the provision of vocabularies, making it unnecessary to keep turning to another page for meanings. It also has the advantage of offering a few fragments of Finnish literature in an English translation for those who do not read the language.

I am very grateful to the following authors, publishers and owners of copyrights for their generous permissions to use the works or extracts appearing in the book:

Paavo Haavikko (*Arkkitehti*);
Matti Hälli (*Omenapuut* and *Graniittia*);
Pentti Holappa (*Vanhuus*);
Veijo Meri (*Ettei maa viheriöisi*);
Olli (Mrs. Vera Paldan) (*Lämpömittari*);
The Otava Publishing Co., Helsinki, for the short story by Antti Hyry (*Junamatkan kuvaus*) and the extract from the work by V. A. Haila and Kauko Heikkilä on Finnish literature (*Suomalaisen kirjallisuuden historia*);
Kullervo Rainio (*Nuori mies*);
Elvi Sinervo (*Vaikeaa*);
Mika Waltari (*Kuun maisema*)

and The Werner Söderström Co., Helsinki, who kindly
acted as intermediaries in obtaining permission from the
copyright owners (to whom also I wish to express my
thanks) in the cases of Pentti Haanpää (*Karavaani*), Maria
Jotuni (*Lovisa Öhman*) and Toivo Pekkanen (*Tehtaan
varjossa*), and, as copyright holders, generously granted me
permission to use Uno Kailas' *Riemulaulu*.

I am also most grateful to Professor Väinö Kaukonen, of
the Finnish State Commission for Literature, for his
generosity in giving me advice, suggestions and information
when I first thought of compiling a Finnish reader.

In the translations, while the main aim was to help the
student to understand the Finnish of the original, I have
tried to make the English versions readable. I have been
helped throughout by my wife's assessment of the transla-
tions and by her encouragement to get the job done.

I hope this little book will give the student pleasure as
well as help.

CONTENTS

FINNISH READER

Extracts from modern
Finnish literature

I. FOLK POETRY

Literature in the Finnish language is usually considered young—so to speak a mere beginner—compared with the literature of other civilized nations. In a certain sense that is in fact the case, for the history of our modern literature stretches back hardly even a hundred years. But on closer examination anyone will see the falsity of that customary view. Printed literature in the Finnish language is no less than 400 years old, for it made an auspicious beginning in the 1540s, at roughly the same time as the corresponding literature of the other northern countries. And when the rich folk poetry which we possess is included, the age of our literature comes to at least a thousand years. Thus, if age is taken as the yardstick, literature in Finnish rises to the level of the literature of the oldest civilized nations existing today.

A H W

V.A.Haila and Kauko Heikkilä: extracts from "Suomalaisen kirjallisuuden historia"

I. KANSANRUNOUS

Suomenkielistä kirjallisuutta on totuttu pitämään nuorena ja vasta ikäänkuin aloittelevana toisten sivistyskansojen kirjallisuuden rinnalla. Tavallaan asia onkin niin, sillä nykyaikaisen kirjallisuutemme historia ulottuu tuskin sataakaan vuotta taaksepäin. Mutta syvemmältä asiaa tutkiessaan jokainen huomaa tuon tavanomaisen käsityksen erheellisyyden. Painettu suomenkielinen kirjallisuus on jo 400 vuotta vanha, sillä se pääsi hyvin entein alkuun 1540-luvulla, suunnilleen samoihin aikoihin kuin muidenkin Pohjoismaiden vastaava kirjallisuus. Ja kun mukaan otetaan omistamamme runsas kansanrunous, tulee kirjallisuutemme iäksi vähintään tuhat vuotta. Suomenkielinen kirjallisuus kohoaa siis ikää mittapuuna käyttäen maailman vanhimpien nykyään elävien sivistyskansojen kirjallisuuden rinnalle.

Although our folk poetry has been systematically collected and published for only a little over a hundred years,
even before that it served the functions of literature through
its preservation in the memories of ordinary people: it was
the custodian of spiritual culture, and a spiritual link between the different generations. Individual poems changed,
through omissions or additions made by the singers; indeed,
one or another may have been entirely lost, but the poetry
itself, a mighty river of song, was preserved from generation
to generation. It was composed by people whose identity
we do not know, and sung by men and women who passed
away long ago, and it interprets to us their knowledge and
opinions, their joys and their sorrows. Because of this it
forms the core of our national literature: it reflects the way
of thinking and looking at things that is characteristic of
our nation, its disposition and its ideals. Folk poetry is the
direct interpreter of the nation's spirit.

Our ancient poetry is for the most part metrical, which
made it much easier to learn and to retain in the memory.
The metre used is a trochaic one of four feet, which originated at the latest in the proto-Finnish period, about 2,000
years ago. Its favourite artistic devices, alliteration and
line-parallelism, are still older, perhaps even from the
Finno-Ugrian period. But it is difficult to present any certain views on the nature of the poetry of those distant times.
Research has, it is true, discovered pagan mythological
motifs in our ancient poetry, but it is not easy to estimate
from how far back they are descended. Presumably, the
oldest poems were outbursts of spontaneous feeling, bursts of
song not following any exact rhythm. Alongside metrical
poetry there emerged our national musical instrument, the
kantele, as a support for the singer's performance.

The collections of Finnish folk poetry are among the greatest
and most valuable in the world and represent different
kinds of poetry: epic or narrative poems; lyric or sentimental
poems; spells, proverbs, riddles and tales. Of narrative,

Vaikka kansanrunouttamme on vasta toistasataa vuotta järjestelmällisesti kerätty ja julkaistu, se on jo sitä ennen kansan muistin varassa säilyessään täyttänyt kirjallisuuden tehtävän: se on ollut henkisen sivistyksen säilyttäjä ja eri sukupolvien henkinen yhdistäjä. Yksityiset runot ovat laulajien unohtamisen tai lisäilemisen johdosta muuttuneet, onpa jokin saattanut tykkänään hävitä, mutta itse runous, mahtava laulun virta, on säilynyt sukupolvesta toiseen. Se on meille tuntemattomien ihmisten sepittämää, ammoin manalle menneiden miesten ja naisten laulamaa, se tulkitsee heidän tietojaan ja käsityksiään, heidän ilojaan ja murheitaan. Tämän johdosta se muodostaa kansalliskirjallisuutemme ydinosan: se kuvastaa kansallemme ominaista ajatus- ja katsomustapaa, sen mielenlaatua ja ihanteita. Kansanrunous on kansallishengen välitön tulkki.

Vanha runoutemme on suurimmaksi osaksi runomittaista, mikä on suuresti helpottanut sen oppimista ja muistissa säilymistä. Runomittana on nelipolvinen trokee, ikivanha kansallinen mittamme, joka on peräisin jo ainakin kantasuomalaiselta ajalta, n. 2 000 vuoden takaa. Sen suosimat taidekeinot, alkusointu ja säekerto, ovat vielä vanhempia, ehkä jo suomalais-ugrilaiselta ajalta. Mutta noiden kaukaisten aikojen runouden laadusta on vaikea esittää mitään varmaa käsitystä. Tutkimus on tosin muinaisrunoudestamme löytänyt pakanallisia taruaiheita, mutta ei ole helppo arvioida, miten etäisiltä ajoilta ne polveutuvat. Arvattavasti vanhimmat runot ovat olleet välittömän tunteen purkauksia, tarkkaa poljentoa noudattamattomia laulahduksia. Runomittaisen runouden rinnalle on ilmestynyt kansallissoittimemme kantele laulajan esityksen tukijaksi.

Suomalaisen kansanrunouden kokoelmat ovat suurimpia ja arvokkaimpia maailmassa, ja ne edustavat runouden eri lajeja: eepillisiä eli kertovia, lyyrillisiä eli tunnelmarunoja, loitsuja, sananlaskuja, arvoituksia ja satuja. Yksistään ker-

ıtal and magical poems alone it has been calculated
ːre are about 80,000 records, of tales and anecdotes
about 150,000, of proverbs and sayings over a million, of
riddles about 50,000 and of newer folk ballads about 50,000.
In these figures are included different versions of the same
motifs, which folk poetry research calls "variants". From
the nature of memorized knowledge it follows that the types
of poetry referred to above do not always occur in a pure
form, but are frequently mixed and combined with one
another in many ways.

At one time it was thought that the poems originated in
those regions in which they were best known in the last cen-
tury, that is, in Karelia, and their sources were sought now
on the shores of the distant White Sea, now farther south in
Ladogan Karelia. Modern research, however, has come to
the conclusion that they originated for the most part in the
west, in western Finland and Estonia, and gradually
spread eastward. Finally they reached the distant, isolated
backwoods villages of north-eastern Karelia, where they
were preserved even when foreign influences stifled the
singer's art in the west. This concerns particularly the old
epic poetry, the heroic poems, the bulk of which were
found in north-eastern Karelia. For in the poems there are
many features—concepts foreign to the places where they
were sung, western Finnish words, including foreign words
from the west, and certain names of places and persons—
which can be explained only on the basis of the assumption
we have referred to.

The poems spread geographically over long periods of
time: with merchants from one market town to another,
and as a result of religious and family occasions, especially
weddings, because these brought people even from distant
regions together. Poetry accompanied colonization, too,
and moved about similarly when in ancient times a woman
who knew the songs was bought or stolen away into a strange
tribe's territory. And it has been surmised that medieval
scholars would also have served as disseminators of poems on

toma-, tunnelma- ja loitsurunoja on laskettu olevan n.
80 000 muistiinpanoa, satuja ja tarinoita n. 150 000, sanan-
laskuja ja sananparsia toista miljoonaa, arvoituksia n.
50 000 sekä uudempia kansanlauluja n. 50 000. Noihin
lukuihin sisältyvät samojenkin aiheiden eri muunnokset,
joita kansanrunoudentutkimus nimittää toisinnoiksi. Mui-
stitiedon luonteesta johtuu, että edellä esitetyt runouden
lajit eivät suinkaan aina esiinny puhtaina, vaan useasti
monin tavoin toisiinsa sekaantuneina ja yhdistyneinä.

Aikoinaan luultiin, että runot olivat syntyneet niillä
seuduilla, joilla niitä viime vuosisadalla parhaiten taid-
ettiin, siis Karjalassa, ja niiden lähteitä etsittiin milloin
kaukaisen Vienanmeren ääriltä, milloin etelämpää Laato-
kan Karjalasta. Nykyinen tutkimus on kuitenkin tullut
siihen tulokseen, että ne ovat suurimmaksi osaksi syntyneet
lännessä, Länsi-Suomessa ja Virossa, ja sieltä vähitellen
kulkeutuneet itään päin. Lopulta ne ovat päätyneet Vie-
nan Karjalan etäisiin, yksinäisiin korpikyliin, joissa ne
ovat säilyneet silloinkin, kun vieraat vaikutukset ovat
laulutaidon lännessä tukahduttaneet. Tämä koskee erityi-
sesti vanhaa eepillistä runoutta, sankarirunoja, joista val-
taosa on saatu Vienan Karjalasta. Runoissa on näet monia
sellaisia piirteitä, laulupaikoilla outoja käsitteitä, länsisuo-
malaisia sanoja, joukossa lännestä tulleita ulkomaisiakin
lainoja, eräitä paikan- ja henkilönnimiä, jotka selittyvät
vain edellä esitetyn otaksuman nojalla.

Runot ovat vaeltaneet pitkien ajanjaksojen kuluessa:
kauppiaiden mukana kauppapaikalta toiselle, uskonnollis-
ten ja perhejuhlien, varsinkin häiden, välityksellä, sillä
niihin kerääntyi väkeä kaukaisiltakin seuduilta. Uudisasu-
tuksen mukana siirtyi myös runoutta, samoin milloin
muinaisina aikoina lauluja taitava vaimo oli ostettu tai
ryöstetty vieraan heimon alueelle. Onpa arveltu, että
keskiajan teinitkin olisivat kesämatkoillaan toimineet
runojen levittäjinä. Lopuksi kävi niin, että runojen syn-

their summer journeyings. What happened in the end was that in the birthplace of the poems, western Finland, people forgot not only their poetic skill, but their poems, too, and even that they had once been known. Various causes operated in this direction: in addition to foreign influences, it may be assumed that one factor was the Reformation and the strict orthodoxy which of course regarded the folk poetry as a relic of superstition. But in north-eastern Karelia the heroic poetry which was sung by men was preserved, and even further developed. It was modified in content into something more uniform than before, by the concentration of the exploits of more and more heroes around the most famous heroic figures. The same process of combining poems was continued by Lönnrot when shaping his work on the Kalevala. And in some regions, for example the Karelian isthmus, lyric poetry in particular, sung by women, was preserved and developed to a very high level.

The turning-point between paganism and Christianity may well have been the golden age of folk poetry, particularly favourable to the composition of heroic poems. The Viking raids carried out at that period appear to have roused an inspired hero-worship and to have afforded ample material for those who eulogized the notable exploits of great swordsmen. The general transitional nature of the period also had a favourable effect on people from the point of view of poetry. The new, strange religion and the picturesque services of the Roman Catholic Church had no doubt a powerful effect on the intellectual life of the people of those times. We can imagine what a dweller in the distant backwoods felt as he surveyed the majestic church and followed its resplendent rites. It stimulated his imagination and elevated his emotional life. Christian narratives, only half understood, soon joined his previous motifs, and thus the poetry of legends began to blossom.

As the centuries passed, the various motifs and poetry-types, and in the later Middle Ages themes imported from

tymäseuduilla, Länsi-Suomessa, ihmiset unohtivat paitsi runontekotaitonsa myös runonsa, vieläpä senkin, että niitä oli ennen osattu. Siihen on ollut vaikuttamassa erilaisia syitä: ulkomaisten vaikutuksien ohessa on tekijänä arvattavasti ollut uskonpuhdistus ja ankara oikeaoppisuus, joka tietysti piti vanhaa kansanrunoutta taikauskon jätteenä. Mutta Vienassa miesten laulama sankarirunous säilyi, vieläpä edelleen kehittyi. Se muodostui sisällöltään entistä yhtenäisemmäksi siten, että kuuluisimpien sankarihahmojen ympärille keskittyi yhä useampien urosten mainetöitä. Samaa runojen yhdistelemistä Lönnrot jatkoi Kalevalan toimintaa muovaillessaan. Ja muutamilla seuduilla, esim. Karjalan kannaksella, säilyi erityisesti naisten laulama lyyrillinen runous ja kehittyi sangen korkeatasoiseksi.

Pakanuuden ja kristinuskon taitekausi lienee ollut kansanrunouden kukoistusaikaa, varsinkin sankarirunojen sepittämiseen otollista. Silloin suoritetut viikinkiretket näyttävät herättäneen innostuneen sankarinpalvonnan ja antaneen runsaasti aineistoa suurten miekkamiesten mainetöiden ylistäjille. Myös aikakauden yleinen murrosluonne vaikutti ihmisiin runouden kannalta edullisesti. Uusi, outo uskonto ja katolisen kirkon koristeelliset jumalanpalvelusmenot ovat varmaan voimakkaasti vaikuttaneet silloisten ihmisten henkiseen elämään. Voimme kuvitella, mitä kaukaisen korven asukas tunsi tarkastellessaan juhlallista kirkkoa ja seuratessaan sen loistavia menoja. Se kiihotti hänen mielikuvitustaan ja kohotti hänen tunne-elämäänsä. Vain puolittain ymmärretyt kristilliset kertomukset liittyivät pian hänen entisiin aihelmiinsa, ja niin legendarunous alkoi rehottaa.

Vuosisatojen kuluessa ovat eri aihelmat ja runouden lajit, myöhemmällä keskiajalla myös tänne kulkeutuneet ulkomaisen maallisen runouden aiheet, niin sekaantuneet ja

foreign secular poetry too, were so blended and variously stratified that a whole branch of learning—the study of folk poetry—has arisen to clarify questions which concern them. This study has been made much easier by the fact that Finnish folk poetry has been scientifically arranged and published in an immense anthology: *Suomen kansan vanhat runot* (Old Poems of the Finnish People). The original manuscripts of the collectors are preserved in the archives of the *Suomalaisen Kirjallisuuden Seura* (Society for Finnish Literature).

II. THE FIRST CENTURIES OF MODERN TIMES (1542–1809)

The Middle Ages had been, in our country, the golden age of oral folk poetry, but written or printed literature was very scanty. The reasons for this state of affairs are explained by our cultural history: Finland was far from the great centres of culture, and its church—on which the cultural life of the Middle Ages was based—was young and poor compared with the Church in many other countries. However, some work of enlightenment was done, though within narrow limits. There were a number of monastic and town schools in our country, which dispensed the rudiments of learning, and the cathedral school in Turku trained priests. For the acquisition of higher scholarship it was necessary to go to a university abroad, but it should be observed that these study journeys were made in considerable numbers: at first usually to Paris, later to Prague, Leipzig or Rostock. On their return to their native country these scholars continued and fostered literary endeavours in Latin. Popular education, on the other hand, remained weak. The people obtained their religious enlightenment mainly from pictures, painted on the walls of churches and depicting biblical events, which illustrated masses and sermons given by the priests in Latin, from church ceremonies, and from recitals

monin tavoin kerrostuneet, että on syntynyt kokonainen tieteenhaara, kansanrunoudentutkimus, niitä koskevien kysymysten selvittämiseksi. Tätä tutkimusta helpottaa suuresti se, että vanhalla runomitalla sepitetyt suomalaiset kansanrunot on tieteellisesti järjestetty ja julkaistu mahtavana kokoomateoksena *Suomen kansan vanhat runot.* Kerääjien alkuperäisiä käsikirjoituksia säilytetään Suomalaisen Kirjallisuuden Seuran arkistossa.

II. UUDEN AJAN ENSIMMÄISET VUOSISADAT
(1542–1809)

Keskiaika oli maassamme ollut suullisen kansanrunouden kukoistusaikaa, mutta kirjoitettu tai painettu kirjallisuus oli sangen niukka. Syyt tähän asiaintilaan selvittää sivistyshistoriamme: maamme oli etäällä suurista sivistyskeskuksista ja sen kirkko, johon keskiajan sivistyselämä tukeutui, oli nuori ja köyhä monien muiden maiden kirkkoon verraten. Sivistystyötä kuitenkin tehtiin, vaikka suppeissa puitteissa. Maassamme oli muutamia luostari- ja kaupunkikouluja, jotka jakoivat tiedon ensi alkeita, ja Turun katedraalikoulu valmisti pappeja. Korkeamman opillisen sivistyksen hankkimista varten täytyi matkustaa yliopistoon ulkomaille, mutta huomattava on, että noita opintomatkoja tehtiin melkoisesti: aikaisemmin tavallisesti Pariisiin, myöhemmin Prahaan, Leipzigiin tai Rostockiin. Kotimaahan palattuaan nuo oppineet miehet jatkoivat ja suosivat latinankielisiä kirjallisia harrastuksia. Kansansivistys sen sijaan jäi heikoksi. Uskonnollisen valistuksensa kansa sai pääasiallisesti kirkkojen seinille maalatuista, raamatun tapahtumia esittelevistä kuvista, jotka valaisivat pappien latinankielisiä messuja ja saarnoja, kirkollisista juhlamenoista ja kuljeskelevien luostariveljien

by itinerant friars. The work of popular education typical
of modern times was unknown.

The beginnings of a kind of native writing of history in
Latin in Finland may be regarded as having originated in
the Middle Ages. At that time biographical information
was recorded about our medieval bishops, and the most
important events of their times were mentioned. Songs
and hymns were also composed, in the same language, for
the needs of the schools and the church. It was probably in
Finland that most of the songs and hymns, which were later
brought together in the collection called *Piae Cantones*, were
created. It contains for the most part sacred poetry,
but also includes some secular school songs. The first
book for Finland, a Latin missal for church require-
ments, was printed in Germany in 1488. At the close of the
Middle Ages an ordained monk of the Naantali monastery,
Jöns Budde, translated fragments of the Old Testament and
a number of life stories of saints into Swedish.

The Roman Catholic Church was making some use of the
Finnish tongue towards the end of the Middle Ages,
although not a single record has been found, for example,
of a sermon in Finnish. Neither have the short pieces of
religious verse been found which may have been sung in
Finnish on the greatest church feast days, nor the prayers
which Bishop Maunu Särkilahti selected in 1492 for trans-
lation into the vulgar tongue. These were the Lord's Prayer,
the Ave Maria, the Apostolic Creed and the confessional
words, and they had to be read every Sunday in connection
with the service so that the people would gradually learn
them by heart.

In the Middle Ages the Finns became associated more
firmly than before with the culture of the western countries,
and thus a basis was created on which the hitherto separate
tribes were able to draw close to one another and form a
Finnish nation. But now there also began, in subjection to
a foreign power, a baneful division of the people into two,
thanks to which a breach was created between the Finnish

kertomuksista. Nykyajalle luonteenomaista kansansivistystyötä ei tunnettu. Jonkinlaista latinankielisen kotimaisen historiankirjoituksen alkua voi katsoa keskiaikana maassamme syntyneen. Silloin on merkitty muistiin elämäkertatietoja keskiaikaisista piispoistamme ja mainittu heidän aikanaan sattuneista tärkeistä tapahtumista. Samalla kielellä sepitettiin myös lauluja koulujen ja kirkon tarpeiksi. Suomessa syntyivät todennäköisesti suurimmaksi osaksi ne laulut, jotka myöhemmin koottiin Piae Cantiones-nimiseksi kokoelmaksi. Se sisältää enimmäkseen hengellistä runoutta, mutta joukossa on myös muutamia maallisia koululauluja. V. 1488 painettiin Saksassa Suomea varten ensimmäinen kirja, latinankielinen messukirja, kirkon tarpeeksi. Keskiajan lopulla Naantalin luostarin pappismunkki Jöns Budde käänsi ruotsiksi kappaleita Vanhasta testamentista sekä joukon pyhimysten elämäkertoja.

Katolinen kirkko viljeli keskiajan lopulla jonkin verran myös suomea, vaikka ei esimerkiksi yhtään suomenkielistä saarnanmerkintää ole löydetty. Ei liioin ole löydetty niitä lyhyitä hengellisiä värsyjä, joita lienee suomeksi laulettu suurimpina kirkollisina juhlapäivinä, sen enempää kuin niitä rukouksia, jotka piispa Maunu Särkilahti v. 1492 määräsi käännettäviksi kansan kielelle. Ne olivat Isämeidän-rukous, Marian tervehdys, apostolinen uskontunnustus ja rippisanat, ja ne piti lukea joka sunnuntai jumalanpalveluksen yhteydessä, jotta kansa olisi ne vähitellen oppinut ulkoa.

Keskiaikana suomalaiset liittyivät entistä kiinteämmin länsimaisen sivistyksen yhteyteen, ja siten tuli luoduksi pohja, jolla siihen asti erilliset heimot saattoivat lähetä toisiaan ja muodostua Suomen kansaksi. Mutta tällöin alkoi vieraan vallan alaisuudessa myös kansan turmiollinen kahtiajako, minkä johdosta myöhemmin syntyi juopa suomalaisen kansan ja ruotsinkieliseksi muodostuneen sivi-

common people and the educated class, which had become Swedish-speaking. Yet Finnish may well have been, even in the late Middle Ages, a pretty generally spoken tongue among the native upper classes. And in the Reformation period the cultivation of the Finnish tongue began in printed literature.

Michael Agricola and the foundation of Finnish literature

The Reformation was inaugurated in Finland by virtue of a decree by Gustavus at the beginning of the 1520s, and it did not occasion any visible resistance. It gave rise to no great dissensions or abrupt changes, everything proceeding by adjustments, peacefully and slowly, over the course of decades. Various reasons have been put forward, from historical sources, to interpret this development: the relative thinness of the sowing of Christianity in our country, the cautious tactics of the reformers, the poverty of our country, which hampered the rapid education of clergy with Lutheran training to replace the former ones, and inadequate concern by the authorities for the educational needs of our land. The Church had become poor, because it had had to give up its property to the State, but the State did not at first take over energetically enough the educational duties of the Church. The schools in particular came to suffer from this. Most of them eked out a miserable existence, and clerical learning declined. For instance, Agricola often laments the ignorance of priests and their apathy towards the cultivation of literature, the preparation of their sermons and the instruction of the people.

The Church attended single-handed, as before, to the education of the people, and in consequence of the Reformation there had occurred in this field a great and beneficial innovation: in church ceremonies the language of the people had begun to be used, so that the listeners did at least understand what was preached in the Church. In accordance with the principles of the Reformation, books

styneistön välille. Kuitenkin lienee suomi vielä keskiajan lopulla ollut kotimaisissa säätyläispiireissä puhekielenä melko yleinen. Ja uskonpuhdistuksen aikakaudella sai suomen kielen viljely alkunsa painetussa kirjallisuudessa.

Mikael Agricola ja suomalaisen kirjallisuuden perustaminen

Uskonpuhdistus pantiin Suomessa toimeen Kustaa Vaasan 1520-luvun alussa antaman mahtikäskyn nojalla, eikä se aiheuttanut näkyvää vastarintaa. Se ei synnyttänyt suuria riitoja eikä jyrkkiä muutoksia, kaikki sujui sovitellen, rauhallisesti ja hitaasti, vuosikymmenien kuluessa. Tämän kehityksen ymmärtämiseksi on historian taholta esitetty erilaisia syitä: kristillisen kylvön suhteellinen ohuus meidän maassamme, uskonpuhdistajien varovainen menettelytapa, maamme köyhyys, joka esti nopeasti valmistamasta luterilaisen opetuksen saaneita pappeja entisten sijaan, sekä hallituksen riittämätön huolenpito maamme sivistystarpeista. Kirkko oli köyhtynyt, koska sen oli pitänyt luovuttaa omaisuutensa valtiolle, mutta valtio ei aluksi ottanut riittävän tarmokkaasti kirkon sivistystehtäviä huolekseen. Tästä joutuivat kärsimään varsinkin koulut. Niistä useimmat viettivät kituvaa elämää, ja pappissivistys aleni. Esimerkiksi Agricola valittaa useasti pappien tietämättömyyttä sekä heidän haluttomuuttaan kirjallisuuden viljelemiseen, saarnojensa valmistamiseen ja kansan opettamiseen.

Kirkko huolehti edelleenkin yksinään kansan sivistämisestä, ja uskonpuhdistuksen johdosta oli tällä alalla tapahtunut suuri ja edullinen uudistus: kirkollisissa toimituksissa alettiin käyttää kansan kieltä, joten kuulijat ainakin ymmärsivät, mitä kirkossa saarnattiin. Uskonpuhdistuksen periaatteiden mukaan alettiin myös meillä toimittaa kirjoja kansan kielellä, vaikka kansan lukutaito edistyikin hyvin

began to be provided in Finland, too, in the vulgar tongue, although popular literacy progressed, to be sure, very slowly. The founder of the Finnish literary language and the initiator of Finnish written literature was Michael Agricola. To him more than any other belongs the illustrious name of father of our literature.

Michael Agricola was born in eastern Uusimaa, in the parish of Pernaja, about the year 1510, and his father was probably a farmer. He first went to school in Viipuri, but moved with his teacher to Turku, where the latter became the bishop's secretary and the pupil a clerk. Here, through the sermons of Peter Särkilahti, Agricola became acquainted with Luther's doctrines, and joined his adherents. Once ordained, he is said to have spread the new religious ideas during the bishop's supervisory tours. In 1536 he went to Wittenberg, with the help of Bishop Skytte, to continue his studies under the guidance of Luther himself and of Melanchthon. On his return to Finland, three years later, with a master's degree, he became rector of the school in Turku, and proceeded enthusiastically with a continuation of the literary tasks he had begun in Germany. He served as rector for nine years, then as the bishop's deputy and acting bishop, until he was appointed bishop of the diocese of Turku in 1554. Agricola died in 1557 on the journey home from the Moscow peace conference, just after passing the then frontier, and was buried in Viipuri Cathedral.

As a religious reformer Agricola was moderate and tolerant, although at the same time he worked enthusiastically for the establishment of the new doctrine. The steady progress of the Reformation in Finland has been largely attributed to him. As rector of the school at Turku he endeavoured to reform the teaching in the spirit of humanism, and strove to train his students to become competent Lutheran ministers. His activity as a church leader and writer was also aimed at raising the level of clerical education.

In the sphere of Finnish literature Agricola did pioneering work, for before his time the Finnish tongue had been

hitaasti. Suomen kirjakielen perustaja ja suomalaisen kirjallisuuden alkaja on MIKAEL AGRICOLA. Hänelle ennen muita kuuluu kirjallisuutemme isän kunniakas nimi.

Mikael Agricola on syntynyt itäisellä Uudellamaalla Pernajan pitäjässä vuoden 1510 tienoilla, ja hänen isänsä oli todennäköisesti maanviljelijä. Hän kävi ensin koulua Viipurissa, mutta siirtyi opettajansa mukana Turkuun, jossa opettaja pääsi piispan sihteeriksi ja oppilas kirjuriksi. Täällä Agricola tutustui maisteri Pietari Särkilahden saarnoista Lutherin oppiin ja liittyi sen kannattajiin. Kun hänet oli vihitty papiksi, hänen mainitaan piispan tarkastusmatkoilla levittäneen uusia uskonnollisia käsityksiä. V. 1536 hän pääsi piispa Skytten avustamana jatkamaan opintojaan Wittenbergiin itse Lutherin ja Melanchthonin johdolla. Palattuaan kolmen vuoden kuluttua kotimaahan maisteriksi valmistuneena hän pääsi Turun koulun rehtoriksi ja ryhtyi innokkaasti jatkamaan jo Saksassa aloittamiaan kirjallisia töitä. Rehtorina hän toimi yhdeksän vuotta, sitten piispan sijaisena ja väliaikaisena piispanviran hoitajana, kunnes hänet v. 1554 määrättiin Turun hiippakunnan piispaksi. Agricola kuoli v. 1557 paluumatkalla Moskovan rauhanneuvotteluista juuri silloisen rajan yli päästyään, ja hänet haudattiin Viipurin tuomiokirkkoon.

Uskonpuhdistajana Agricola oli maltillinen ja suvaitsevainen, vaikka hän samalla työskenteli innokkaasti uuden opin vakiinnuttamiseksi. Uskonpuhdistuksen tasainen kulku meidän maassamme on suureksi osaksi luettu Agricolan ansioksi. Turun koulun rehtorina hän pyrki uudistamaan opetuksen humanismin hengen mukaiseksi ja yritti kasvattaa oppilaistaan kelvollisia luterilaisia pappeja. Pappissivistyksen kohottamiseen tähtäsi myös hänen toimintansa kirkon johtajana ja kirjailijana.

Suomalaisen kirjallisuuden alalla Agricola suoritti uranuurtajan työn, sillä ennen häntä oli suomen kieltä vain

employed only to a negligible extent in writing, though some attempts had been made. There were many difficulties to be overcome: a new literary language had to be created, the work of translation had to be done on top of the ordinary tasks, funds had to be obtained for printing the translations, and the work of printing, which was done as far away as Stockholm, had to be supervised. However, Agricola battled tirelessly for ten years against all the difficulties, and during that space of time managed to get published about ten works, with a total number of pages of about 2,400.

As the first product of literature in Finnish there appeared, probably in 1542, *Abckiria* ("An ABC-book"). In addition to the alphabet it may have contained also a short catechism (*Alcu opista wskoon*), which Agricola mentions in a preface to a Psalter. The "ABC" was followed by *Rucouskiria Bibliasta* ("Prayer-Book from the Bible"), which was intended mainly for priests and was compiled from different prayer-books. In 1548 Agricola's chief work was published: *Se Wsi Testamenti* ("The New Testament"), the translation of which he had begun in Wittenberg and which had been ready for several years, but printing had been delayed for lack of funds. The following year appeared a service book and a book of chants, both translated from Swedish, and also parts of the gospels dealing with the story of Jesus' Passion. After this, Agricola set about translating books of the Old Testament into Finnish, the first of which to appear were the psalms of David, the Canticles and the Prophets, and in 1552 the prophets Haggai, Zacharia and Malachi, together with excerpts from the laws of Moses.

mitättömän vähän käytetty kirjoituksessa, joskin joitakin yrityksiä lienee tehty. Monia vaikeuksia oli voitettava: oli luotava uusi kirjakieli, oli suoritettava käännöstyö varsinaisen toimen ohessa, oli saatava varat käännösten painattamiseen ja valvottava painatustyötä, joka tapahtui Tukholmassa saakka. Vasymättömästi Agricola kuitenkin taisteli kymmenen vuotta kaikkia vaikeuksia vastaan ja sai sinä aikana julkaistuksi kymmenkunta teosta, joiden yhteinen sivuluku oli n. 2 400.

Suomenkielisen kirjallisuuden esikoisena ilmestyi *ABC-kiria*, luultavasti v. 1542. Varsinaisen aapiston lisäksi se lienee sisältänyt myös lyhyen katkismuksen (Alcu opista wskoon), josta Agricola mainitsee Psalttarin alkurunossa. Aapista seurasi laaja *Rucouskiria Bibliasta*, joka oli tarkoitettu etupäässä pappeja varten ja pantu kokoon eri rukouskirjoista. V. 1548 pääsi julkisuuteen Agricolan pääteos *Se Wsi Testamenti*, jonka kääntämisen hän oli aloittanut jo Wittenbergissä ja joka oli ollut valmiina useita vuosia, vaikka painatus varojen puutteessa oli viivästynyt. Seuraavana vuonna ilmestyivät käsikirja ja messu, molemmat ruotsista suomennettuja, sekä Jeesuksen kärsimyshistoriaa käsittelevät evankeliumien kohdat. Tämän jälkeen Agricola ryhtyi suomentamaan Vanhan testamentin kirjoja, joista ensin ilmestyivät Davidin Psaltari sekä Weisut ja Ennustoxet ja v. 1552 profeetat Haggai, Sakaria ja Maleachi ynnä otteet Mooseksen laista.

I left my door open so that I could hear him moving about in his own room at the rear of the dining room. But the door to his room is shut. I realize that he wants to be alone. Reckon he wouldn't like me to be keeping a watch like this on what he's doing. Can't blame him for that— ought to be ashamed, really. My son's already in his middle twenties, yet here I sit, straining my ears as if I couldn't trust him. Possibly he thinks I want to rob him of the freedom his youth has given him. But I don't envy him. People are very ready to say harsh things about those who envy others. I wouldn't. In envy there's always a certain redeeming melancholy, something of the anxiety of a cowed animal. But even an anxious animal is always conscious of its own strength. It may surprise one by leaping up and showing its teeth. Maybe there's something fine in all that. Then why do I flatly deny that I envy my son, who is twenty-five years old? It may sound odd, but I don't even wish to defend myself. I admit it would be better if I were

Pentti Holappa: Vanhuus

Olen jättänyt huoneeni oven auki kuullakseni, kuinka hän liikkuu tuolla ruokasalin takana omassa huoneessaan. Mutta hänen huoneensa ovi on kiinni. Ymmärrän, että hän tahtoo olla yksin. Arvaan, että hän ei pitäisi siitä, että näin vakoilen hänen töitään. En voi syyttää siitä häntä. Oikeastaan minun pitäisi hävetä. Poikani on jo puolivälissä kolmeakymmentä, mutta kuitenkin istun tässä kuulo jännitettynä niin kuin en voisi luottaa häneen. Hän saattaisi uskoa, että tahdon varastaa häneltä vapauden, jonka hänen nuoruutensa on hänelle lahjoittanut. Mutta en kadehdi häntä. Ihmiset sanovat mielellään pahoja sanoja niistä, jotka kadehtivat. Minä en tekisi niin. Kateudessa on aina jotain sovittavaa surumielisyyttä, jotain lannistetun eläimen murhetta. Mutta murehtivakin eläin on aina tietoinen omasta voimastaan. Yllättäen se saattaa syöksyä ylös ja paljastaa hampaansa. Tuossa kaikessa voi olla jotain kaunista. Miksi siis näin jyrkästi kiellän, että en kadehti poikaani, joka on kaksikymmentäviisivuotias. Se saattaa

envious. Then I'd still have a right to live, still have a right
to everything. But now my position is in fact much worse.
I'm already too remote from everything. If I'd been honest
with myself, I'd have admitted years ago that it was my
duty to give up. A man who's had enough, who's got tired,
should always withdraw from the game.

I've lived too long. Or rather I haven't lived, and that's
no reproach. I've existed, or felt I existed, and it isn't
enough. It's indefensible to have a condensed concept of
everything. I know that, because what there is in me that's
still human assures me of it. It amuses me to know that I,
who am outside it all, am appearing here as counsel for
life. Such altruism is impossible. But I really have my
reasons, very valid reasons. That's why, even if I'm no longer
able to love life, mere existence is important to me. The fact
that I admit that my position is indefensible doesn't mean
in any way that I'd give it up. To be sure, a word such
as "existence" can't evoke an image of any sort of feeling.
But I'm convinced that it's something clearer than death.
Or there's emptiness in it, I can feel the emptiness, whereas
talking about death I can never say what it is. From just
where I am it's very difficult to go forward. But I don't
want to think about death. There's no pleasure in that.

So why am I sitting like this, listening to my son packing
his suitcases in his own room? No need to ask that if one
remembers that I've always—or at any rate for a very long
time—taken this attitude towards him. Because although
mere existence doesn't make many demands, one piece of
knowledge at least is essential for it—the knowledge that
one exists. And it's only with his help that I've been able
to gain that knowledge. He must exist in such a way that I
see him or hear him. It isn't important to me how he exists,
what sort of person he is. All that's important is that he
exists for me, too.

tuntua kummalliselta. Mutta en haluakaan puolustaa itseäni. Tunnustan, että olisi parempi, jos kadehtisin. Silloin minulla vielä olisi oikeus elämään, silloin, minulla vielä olisi oikeus kaikkeen. Mutta nyt on tilani todellisuudessa paljon pahempi. Minä olen jo liian etäällä kaikesta. Jos olisin ollut rehellinen itselleni, olisin jo vuosia sitten myöntänyt, että velvollisuuteni olisi ollut luopua. Kyllästyneen, väsyneen miehen on aina vetäydyttävä pois pelistä.

Olen elänyt liian kauan. Tai en ole elänyt, eihän se ole mikään syytös. Olen ollut olemassa, vain tuntenut olemassaoloni, ja se ei riitä. Kaiken pelkistetyn tajuaminen on rikollista. Tiedän sen, koska se, mikä minussa vielä on ihmistä, vakuuttaa minulle niin. Minua huvittaa, että minä, joka olen kaiken ulkopuolella, esiinnyn tässä elämän puolestapuhujana. Sellainen epäitsekkyys on mahdotonta. Mutta todellisuudessa minulla on syyni, hyvin pätevät syyni. Sillä, joskaan en enää saata rakastaa elämää, on pelkkä olemassaolo minulle tärkeä. Se, että myönnän tilani rikolliseksi, ei suinkaan merkitse, että luopuisin siitä. Tosin tuollainen sana kuin »olemassaolo» ei saata herättää mielikuvaa mistään tunteesta. Mutta olen vakuuttunut siitä, että se on jotain selvempää kuin kuolema. Tai siinä on tyhjyys, saatan tajuta tyhjyyden, kun sen sijaan kuolemasta en milloinkaan saata sanoa, mitä se on. Juuri tästä paikasta, missä olen, on hyvin vaikea kulkea eteenpäin. Mutta en tahdo ajatella kuolemaa. Se ei ole miellyttävää.

Miksi nyt siis istun ja kuuntelen, kuinka poikani pakkaa matkalaukkujaan omassa huoneessaan. Sitä on tarpeetonta kysyä, jos muistaa, että olen aina—joka tapauksessa hyvin kauan—suhtautunut häneen tällä tavalla. Sillä vaikka pelkkä olemassaoleminen ei aseta paljon vaatimuksia, on sille välttämätöntä ainakin yksi tieto. Tietoisuus siitä, että on. Ja tämän tiedon olen saattanut hankkia vain hänen avullaan. Hänen on oltava niin, että näen hänet tai kuulen hänet. Minusta ei ole tärkeätä miten hän on, millainen hän on. On vain tärkeätä, että hän on olemassa myös minulle.

I haven't had the courage to tell my boy I hoped he wouldn't go. When I read him the letter from my brother in which the latter made his offer, I watched his face intently. The boy didn't even try to hide his pleasure. His face took on a blissful and jubilant expression. I don't think I've seen that expression for many years—not since he was a child. He made his decision mercilessly and arrogantly.

'I'll go, father, of course I'll go.''

When he'd said that he burst into such boisterous laughter that I couldn't help being offended by it. I tried to fall in with his pleasure, but he gradually noticed that it was all just a pretence on my part. It saddened him for a moment, but only for a moment. After that the thought of me only annoyed him. I shouldn't be completely honest if I didn't admit that this suits me admirably. Because I'm well aware that it wouldn't be any help at all even if I did start openly opposing my son's departure. It would mean shifting the struggle to ground that I gave up years ago. If there are still any possibilities of victory left to me, I can seize it best simply by existing. But I should be a fool not to know that I should be the loser in the game. And after all, I don't know whether I want to win, because I love him just the same. I'm just too old and he's too young. I should have met Anni, my wife, earlier. When a man gets married at the age of forty-five, it's almost too late. At that stage you're condemned to live as a stranger to the life you beget, and that's probably the worst thing that can happen to anyone. It's the worst thing at any rate when a delightful life companion leaves a man as early as Anni left me. The boy was then only five. I believe that, generally speaking, no one can realize the extent of a calamity at the time. The real anguish doesn't come till afterwards, in recollections. And that was how it happened to me. Anni's death came like a flash. It was a natural event which struck me down for the moment, but didn't manage to destroy me. Two weeks after the funeral I began to

En ole rohjennut sanoa pojalleni, etten toivoisi hänen
lähtevän. Kun luin hänelle veljeni kirjeen, jossa tämä teki
ehdotuksensa, katselin jännittyneenä hänen kasvojaan.
Poika ei yrittänytkään salata iloaan. Hänen kasvoilleen
kohosi autuas ja riemullinen ilme. Luulen, etten ole
nähnyt sitä ilmettä moniin vuosiin, en sen jälkeen, kun
hän oli lapsi. Armottomasti ja ylimielisesti hän sinkosi
päätöksensä.

— Isä, minä lähden. Tietysti minä lähden.

Sen sanottuaan hän purskahti niin riehakkaaseen
nauruun, että se väkisinkin loukkasi minua. Koetin myö-
täillä hänen iloaan, mutta vähitellen hän huomasi, että se
oli minun puoleltani vain teeskentelyä. Se teki hänet
hetkeksi surulliseksi, mutta vain hetkeksi. Sen jälkeen on
ajatus minusta vain kiusannut häntä. En olisi täysin re-
hellinen, ellen myöntäisi, että tämä sopii erinomaisesti-
minulle. Tiedän näet hyvin ettei auttaisi mitään, vaikka
ryhtyisinkin avoimesti vastustamaan poikani lähtöä. Se
merkitsisi taistelun siirtymistä alueelle, josta olen ajat sitten
luopunut. Jos minulla on jäljellä voiton mahdollisuuksia,
voin tavoittaa sen parhaiten tällä tavoin: vain olemalla.
Mutta olisin houkka, ellen tietäisi, että joudun häviämään
pelin. Enkä lopultakaan tiedä, haluanko voittaa, sillä
yhtä kaikki minä rakastan häntä. Minä olen vain liian
vanha ja hän liian nuori. Minun olisi pitänyt tavata Anni,
vaimoni, aikaisemmin. Kun mies menee naimisiin neljä-
kymmentäviisivuotiaana, on se melkein liian myöhäistä.
Silloin on tuomittu elämään vieraana siittämälleen elä-
mälle, ja se on luultavasti pahinta, mitä kenellekään voi
tapahtua. Joka tapauksessa se on hyvin paha silloin, kun
suloinen elämän toveri jättää miehen niin varhain kuin
Anni minut. Poika oli silloin vasta viisivuotias. Olen
yleensä sitä mieltä, ettei kukaan voi onnettomuuden
sattuessa tajuta sen määrää. Todellinen tuska tulee vasta
jälkeenpäin muistoissa. Nain tapahtui myös minulle.
Annin kuolema tuli kuin leimahdus. Se oli luonnonta-
pahtuma, joka iski minut hetkeksi maahan, mutta ei

carry out my duties again, and greeted acquaintances with a friendly smile when I met them in the street. And it wasn't pretence by any means. I wanted to live. But then, little by little, my final crushing began.

Some of the most dangerous moments are those of loneliness, and there have been many of them in my life. Sometimes on winter evenings, when my housekeeper had retired into the kitchen and my son had gone out—sometimes to the skating rink, sometimes, for that matter, just to laugh his senseless young laugh with people of his own age—I used to sit by the fire for several hours, with some indifferent book open in front of me. I'd listen to my old house creaking and complaining in its joints. It was an oddly living sound, and could tell me about many things which any outsider would have known nothing about. Mostly it reminded me of Anni. I could hear her quiet footsteps from those old times when she came to the house. At that time she was very shy. She was almost afraid of me, for I was twenty years older than she was. However, she gradually came to feel at home here, and took the house into her possession in quite a special way. One almost had the feeling that she was in living communication with all the furniture, the walls and the floor. Anni had the ability to enter into the life of her surroundings, and in that way slowly to conquer them. And yet all this didn't entirely take away the strangeness with which she stood, right from the start, in her relation to me. I've a feeling that I never managed to capture her entirely. That made me despondent at times, but I gradually learned to be satisfied with my lot. I loved my wife just because she existed. But that made my grief all the greater on those lonely winter evenings. Although memories did in fact bring me some sort of contentment, I couldn't help hating them at the same time. The reason was that at that time I had nothing else. I was tied to the past and I tried—and failed—to tear myself loose from it.

kuitenkaan saattanut tuhota minua. Kaksi viikkoa hautajaisten jälkeen minä ryhdyin jälleen hoitamaan virkaani ja tervehdin ystävällisesti hymyillen kaduilla vastaantulevia tuttaviani. Eikä tämä ollut suinkaan teeskentelyä. Minä tahdoin elää. Mutta sitten vähitellen alkoi lopullinen tuhoutuminen. Vaarallisimpia ovat yksinäisyyden hetket ja niitä on elämässäni ollut paljon. Joskus talvi-iltaisin, kun emännöitsijä oli siirtynyt keittiöön ja poikani mennyt ulos, joskus luistinradalle, joskus muuten vain nauramaan järjetöntä nuorta nauruaan ikäistensä pariin, silloin istuin useita tunteja takan ääressä jokin yhdentekevä kirja avoinna edessäni. Kuuntelin kuinka vanha taloni natisi ja valitti liitoksissaan. Se oli merkillisen elävä ääni ja saattoi kertoa minulle monia asioita, josta joku ulkopuolinen ei olisi aavistanut mitään. Useimmiten se toi mieleeni Annin. Saatoin kuulla hänen hiljaiset askeleensa niiltä ajoilta, kun hän tuli taloon. Siihen aikaan hän oli hyvin arka. Hän melkein pelkäsi minua, sillä olin kaksikymmentä vuotta häntä vanhempi. Vähitellen hän kuitenkin kotiutui tänne ja otti talon haltuunsa aivan erikoisella tavalla. Tuntui melkein siltä kuin hän olisi ollut elävässä yhteydessä kaikkiin huonekaluihin, seiniin ja lattioihin. Annilla oli kyky eläytyä ja sillä tavoin hitaasti valloittaa ympäristönsä. Tämä kaikki ei kuitenkaan kokonaan vienyt pois sitä vierautta, jolla hän aluksikin suhtautui minuun. Minulla on tunne, etten milloinkaan pystynyt valloittamaan häntä kokonaan. Se teki minut ajoittain epätoivoiseksi, mutta vähitellen opin tyytymään osaani. Rakastin vaimoani vain sen vuoksi, että hän oli olemassa. Mutta sitä suurempi oli tuskani noina yksinäisinä talvi-iltoina. Vaikka muistot toivatkin minulle eräänlaista tyydytystä, en voinut samalla olla vihaamatta niitä. Se johtui siitä, ettei minulla ollut niihin aikoihin mitään muuta. Olin sidottu menneisyyteen ja koetin turhaan tempautua irti siitä. Ainoa toivoni oli poika. Odotin hänen kotiinpaluutaan suurella kärsimättömyydellä ja suunnittelin jo valmiiksi kaikki ne lauseet,

My only hope was the boy. I used to wait, in great im-
patience, for him to come home again, and I had all the
phrases, that I was going to say to him, planned. But then
when he used to come back, healthy and with the scent of
the outside world around him, I used to feel confused and
uncertain. I might ask him into the study. It wasn't any
pleasure to him—I could see that—and I used to feel
wretched about the selfishness lurking in me. So when my
son was sitting in the armchair opposite, it would be a long
time before I could say anything at all to him. The most
usual thing was for us to chat in common phrases, and both
of us would feel irritated. Only sometimes did we get some
relief. Then we would tell one another the little happenings
of the day, or read poetry aloud, or some book. Those
moments meant a great deal to me. I believe my son, too,
liked such evenings, that they are still among the pleasant-
est memories of his childhood. But there were few, very
few, of those evenings. Nor did I manage, in spite of them,
to draw close to my son. I believe he may in fact have been
fond of me, but nevertheless not in the way I would have
wished.

One noticed that clearly in the way he reacted to that
offer my brother made. At first he took no notice at all of
what I thought about the matter. That might also have
been because he could be sure that I wouldn't oppose his
departure. I've always let him act freely in regard to his
own life, because I think it's detestable to take liberties for
myself which aren't freely given to me. All the same, I'd
have liked him at least to try to restrain his delight. And
he would have done so, if he'd understood what it might
mean to me. He's kind-hearted. The worst of it is that he
didn't happen to think of it. That shows how much we're
strangers to each other.

So now it's certain that he's going. I hear him throwing
things about in his own room. I can hear that he's happy.
I don't believe he's by any means so hopeful about what's
waiting for him. And he can't have any picture of that at

jotka hänelle sanoisin. Mutta kun hän sitten palasi terveenä ja ulkoilman tuoksu ympärillään, tunsin itseni hämmentävän epävarmaksi. Saatoin pyytää hänet luokseni kirjastoon. Se ei ollut hänestä mieluista, näin sen, ja tunsin itseni onnettomaksi sen itsekkyyden tähden, joka minussa piili. Kun poika sitten istui vastapäätä olevassa nojatuolissa, kesti kauan ennen kuin saatoin sanoa hänelle juuri mitään. Tavallisimmin keskustelimme tavanomaisilla lauseilla, ja kumpikin meistä tunsi olonsa kiusaantuneeksi. Vain joskus saatoimme vapautua. Silloin kerroimme toisillemme päivän pikku tapahtumia, luimme ääneen runoja tai jotain kirjaa. Ne hetket merkitsivät minulle hyvin paljon. Uskon, että poikanikin piti tuollaisista illoista, ne ovat yhä edelleenkin hänen lapsuutensa mieluisimpia muistoja. Mutta niitä iltoja oli harvassa, kovin harvassa. Niistä huolimatta en voinut lähentyä myöskään poikaani. Luulen, että hän ehkä on pitänytkin minusta, mutta ei kuitenkaan sillä tavalla kuin olisin toivonut.

Sen huomasi selvästi tavasta, millä hän suhtautui tuohon veljeni tekemään tarjoukseen. Aluksi hän ei ollenkaan ottanut huomioon, mitä minä ajattelin asiasta. Ehkä se johtui myös siitä, että hän saattoi olla varma, etten vastustaisi hänen lähtöään. Olen aina antanut hänen menetellä vapaasti oman elämänsä suhteen, sillä minusta on vastenmielistä ottaa itselleni vapauksia, joita minulle ei vapaaehtoisesti anneta. Yhtä kaikki olisin toivonut, että hän olisi ainakin yrittänyt hillitä iloaan. Hän olisi tehnytkin niin, jos olisi ymmärtänyt, mitä se olisi saattanut merkitä minulle. Hänellä on hyvä sydän. Pahinta on, ettei hän tullut ajatelleeksi asiaa. Se osoittaa, kuinka vieraita olemme toisillemme.

Nyt on siis varmaa, että hän lähtee. Kuulen kuinka hän paiskaa esineitä omassa huoneessaan. Saatan kuulla, että hän on iloinen. En usko, että hän on niinkään toiveikas sen suhteen, mikä häntä odottaa. Eihän hänellä saata olla siitä mitään kuvaa. Hän on koko elämänsä asunut tässä

all. The whole of his life he's lived in this town, and he hasn't even a nominal knowledge of the world outside the town's few streets. He's happy just because he's able to leave this house and, to be honest, get away from me. I'll readily admit that it's inhuman to tie a young person to an environment like this, where only old, faded thoughts hover, the ruined hopes of a man retired on a pension. I only hope my brother will be able to arrange a better future for my boy than I'd have been able to. He's been working for some years now in the department where I've spent the greatest part of my life. This job would have offered him a secure future. True, my brother's an influential man— he owns a large shipping business—but you can never tell what'll happen to people who risk themselves in too daring adventures. Incidentally, it's strange that although my brother is himself an old man it hasn't occurred to him to think what a loss my son's departure is to me. Perhaps it's explained by the fact that he hasn't any children himself. I think it's inhuman to rob someone else of existence in order to preserve the fruits of one's own work.

Now there are no sounds coming from my boy's room. I suppose he's finished his packing. I'll close my door, because I think he'll be coming here soon. His train leaves in two hours' time. Before that we'll have coffee in the dining room. The two of us will be spending a long time in that large room. Would it be ridiculous to admit that I'm scared of that moment? Now I can hear the boy coming out of his room. His footsteps are coming towards my door.

When the housekeeper had brought the coffee to the table and gone out into the kitchen, we sat for a long time in silence. The rattle of the teaspoons rang unpleasantly in that dreadful quiet. I watched the boy only furtively. He'd put on his new suit and looked splendid, although

AGE 39

kaupungissa, eikä tunne maailmaa juuri nimeksikään sen harvalukuisten katujen ulkopuolella. Hän on iloinen vain siksi, että saa jättää tämän talon — ja ollakseni rehellinen — päästessään eroon minusta. Myönnän mielelläni, että on epäinhimillistä sitoa nuori ihminen tällaiseen ympäristöön, jossa leijailee vain vanhoja lakastuneita ajatuksia, eläkkeellä olevan miehen tyhjiin rauenneita toiveita. Toivoisin vain, että veljeni pystyy järjestämään paremman tulevaisuuden pojalleni kuin mitä minä olisin kyennyt. Hän on nyt jo muutaman vuoden työskennellyt samassa virastossa, missä minäkin olen viettänyt suurimman osan elämästäni. Tämä toimi olisi tarjonnut hänelle varman tulevaisuuden. Veljeni on tosin vaikutusvaltainen mies — hän omistaa suuren laivavarustamon — mutta ei voi kuitenkaan koskaan tietää, mitä tapahtuu niille, jotka uskaltautuvat liian huimiin seikkailuihin. On muuten merkillistä, ettei veljeni, vaikka itsekin on jo vanha mies, tullut ajatelleeksi, minkälainen menetys poikani lähtö on minulle. Ehkä asian selittää se, ettei hänellä itsellään ole lapsia. Se ei kuitenkaan riitä puolustamaan hänen menettelyään. Minusta on epäinhimillistä ryöstää toisen olemassaolo säästääkseen oman työnsä hedelmät.

Poikani huoneesta el kuulu enää ääniä. Hän on luultavasti saanut pakkauksen valmiiksi. Suljen huoneeni oven, sillä luulen, että hän pian tulee tänne. Hänen junansa lähtee jo kahden tunnin kuluttua. Sitä ennen juomme ruokasalissa kahvin. Tulemme pitkän aikaa olemaan kaksin tuossa suuressa huoneessa. Olisiko naurettavaa myöntää, että pelkään tuota hetkeä. Nyt kuulen pojan astuvan ulos huoneestaan. Hänen askeleensa suuntautuvat ovelleni.

Kun emännöitsijä oli tuonut kahvin pöytään ja poistunut keittiöön, istuimme pitkään äänettöminä. Teelusikoiden kalahtelu kaikui epämiellyttävästi tuossa kammottavassa hiljaisuudessa. Vain salavihkaa tarkastelin poikaa. Hän oli pukeutunut uuteen pukuunsa ja näytti komealta, vaikka

indeed he was, perhaps, a little round-shouldered. That was what sitting in an office had done. My conscience pricked me when I thought he'd have become more stooping every year in the position I'd obtained for him. No wonder he wasn't satisfied with his lot. While I was watching my son like this, he unexpectedly raised his eyes and looked straight into mine. I couldn't look away, even if I'd wished.

"Father, do you want me to stay on here?"

My son's voice trembled as he spoke. I noticed that incidentally. I tried my best to voice a denial, a comforting answer, but though I did my best, my lips refused to obey me. So, without my being aware of it, tears began to flow from my eyes. I was ashamed of myself, and tried to wipe them away quickly, so that my son shouldn't notice anything. But tears flowed all the more and at last I didn't even try to hide them. I thought nothing and felt nothing; I was simply existing and letting the inevitable happen. I wasn't conscious of the boy's presence for a long time. I didn't come to myself till he put his hand on my shoulder and said in a quiet, persuasive tone:

"I'll stay. I don't want to leave you all alone."

I managed to get out, only with difficulty, a cry of refusal and the boy parried it at once:

"I'm staying," he said.

Then he went out of the room. His voice had been very affectionate, but I think he was ashamed on my account. It was a long time before I was able to think clearly again. Only then did I realize for the first time the meaning of his last words. At first I became happy, I admit. Enormously happy. But gradually I began to be ashamed of myself. I'm not all that sure that my tears hadn't after all come simply because I realized they were the best and most effective weapons. Indeed, I think that's true. However, it wasn't easy for me to do anything. I tried to excuse my own behaviour, and I attempted to make out that I'd a right to my son. These were contemptible thoughts and

olikin ehkä hiukan kumarainen. Sen oli virastossa istuminen saanut aikaan. Omaantuntoani vihlaisi, kun ajattelin, että hän olisi vuosi vuodelta tullut vain kumaraisemmaksi ja kumaraisemmaksi sillä paikalla, jonka olin hänelle hankkinut. Ei ole ihme, että hän ei olisi ollut tyytyväinen osaansa. Kun näin tarkastelin poikaani nosti hän yllättäen katseensa ja katsoi minua suoraan silmiin. En voinut katsoa muualle, vaikka olisin tahtonutkin.

— Isä, tahdotko, että jään edelleen tänne.

Pojan ääni vapisi, kun hän puhui. Huomasin sen ohimennen. Yritin tehdä parhaani saadakseni esiin torjuvan ja lohduttavan vastauksen, mutta vaikka teinkin parhaani, eivät huuleni suostuneet tottelemaan minua. Niin alkoivat huomaamattani kyyneleet virrata silmistäni. Häpesin itseäni ja koetin pyyhkästä ne nopeasti pois, niin ettei poika huomaisi mitään. Mutta kyyneliä virtasi vain lisää, ja lopuksi en yrittänytkään salata niitä. En ajatellut mitään, en tuntenut mitään, olin vain ja annoin tapahtua sen mikä oli välttämätöntä. En huomannut pojan läsnäoloa pitkään aikaan. Vasta silloin havahdin, kun hän laski käden olalleni ja sanoi hiljaisella vakuuttavalla äänellä:

— Minä jään. En tahdo jättää sinua yksin.

Vain vaivoin sain puristetuksi esiin kieltävän huudahduksen ja poika torjui sen heti:

— Minä jään, hän sanoi.

Sitten hän lähti. Hänen äänensä oli kyllä lempeä, mutta luulen, että hän häpesi puolestani. Kesti pitkän aikaa ennen kuin kykenin jälleen ajattelemaan selvästi. Silloin vasta ensimmäisen kerran tajusin hänen viimeisten sanojensa merkityksen. Ensin tulin iloiseksi, myönnän sen. Suunnattoman iloiseksi. Mutta vähitellen aloin hävetä itseäni. En ole niinkään varma, eivätkö kyyneleeni olleet sittenkin tulleet esiin vain siksi, että ymmärsin ne parhaiksi ja tehokkaimmiksi aseiksi. Luulen, että asia onkin niin. Minun ei kuitenkaan ollut helppo toimia. Koetin puolustaa omaa menettelyäni, yritin selittää, että minulla oli oikeus poikaani. Nuo olivat halpamaisia ajatuksia eivätkä ne lopulta

didn't, in the end, give me peace of mind. I went to my son's room. As I went I was hoping—hoping and fearing— that he would have gone out. But it was no use. He was in his room, standing at the window, looking out. He didn't turn round when I entered. I said why I'd come. I asked his forgiveness for the way I'd just behaved. I admitted that I'd acted deliberately, hoping for advantage for myself. Now my son turned to look at me and I saw he was astonished. I realized that I'd gained my purpose. I went on to tell him he must think of his future, his place in the community and so on. I don't think such arguments had any meaning for him, but in this case they did produce an effect in the desired direction. When I'd finished, my son said in a tired voice:

"I'll go if you like. Yet I'd gladly have stayed."

"You're going," I said.

And after that we didn't say much. When I left his room I think he was watching me somewhat as though I were a stranger, and perhaps also a little contemptuously. Or perhaps I'm only imagining things. Before he left for the station he came to say goodbye to me again. I said I wouldn't go to see him off, because I was a little tired. I saw he was glad of my decision. When we shook hands, he didn't look me in the eye. I only saw that round his mouth there was a new line, strangely hard. I remained standing on the spot where he left me long enough to hear him closing the front door. Then I moved to the window. A cab was waiting outside for him. He'd presumably ordered it by telephone. The boy handed his things to the driver and got into the cab without looking behind him. When I couldn't see it any longer, I stepped into the study. I've been sitting here for a long time and I'm beginning to feel tired. I think it would be best to go to bed, and yet I don't want to get out of my seat. I realize I'm afraid of going to sleep. I don't really miss the boy at all, but I wouldn't like to go to sleep in an empty house like this.

suoneetkaan minulle rauhaa. Menin poikani huoneeseen. Matkalla pelkäsin — pelkäsin ja toivoin — että hän olisi lähtenyt ulos, mutta se oli kaikki turhaa. Hän oli huoneessaan seisoen ikkunan ääressä ulos katsellen. Hän ei kääntynyt, kun tulin sisään. Sanoin, miksi olin tullut. Pyysin häneltä anteeksi äskeistä käyttäytymistäni. Tunnustin, että olin toiminut harkitusti ja omaa etuani tavoitellen. Nyt poika kääntyi katsomaan minua, ja näin hänen hämmästyneen. Ymmärsin, että olin saavuttanut tarkoitukseni. Sanoin hänelle vielä, että hänen tuli ajatella tulevaisuuttaan, asemaansa yhteiskunnassa ja niin edelleen. En usko, että tuollaisilla perusteluilla oli hänelle mitään merkitystä, mutta tässä tapauksessa ne vaikuttivat toivottuun suuntaan. Kun olin lopettanut, sanoi poika vasyneellä äänellä:

— Jo tahdot, niin lähden. Olisin kuitenkin mielelläni jäänytkin.

— Sinä lähdet, sanoin.

Emme puhuneet paljonkaan sen jälkeen. Kun poistuin hänen huoneestaan, luulen että hän tarkasteli minua hiukan oudoksuen ja ehkä myös hiukan halveksuen. Tai ehkä vain kuvittelen. Ennen junalle lähtöään hän kävi vielä hyvästelemässä minua. Sanoin, etten lähtisi saattamaan häntä, koska olin hiukan väsynyt. Näin, että hän oli iloinen päätöksestäni. Kun puristimme toistemme käsiä, hän ei katsonut minua silmiin. Näin vain, että hänen suunsa ympärillä oli jokin uusi, oudon kova viiva. Seisoin sillä paikalla, mihin hän oli jättänyt minut, niin kauan että saatoin kuulla hänen sulkevan ulko-oven. Sitten siirryin ikkunaan. Vuokra-auto odotti häntä ulkopuolella. Hän oli tilannut sen luultavasti puhelimitse. Poika antoi tavaransa ajurille ja astui taakseen katsomatta autoon. Kun en saattanut enää nähdä autoa, menin kirjastoon. Olen istunut tässä nyt pitkän tovin ja alan tuntea itseni väsyneeksi. Luulen, että olisi paras mennä nukkumaan, mutta en kuitenkaan halua nousta. Huomaan, että pelkään nukkumista. Poikaa en itse asiassa lainkaan ikävöi, mutta en mielelläni menisi nukkumaan näin autiossa talossa.

The farmhouse was on a hill and it was owned by Emil Svarvars. The owner had been Emil Svarvars for a good couple of hundred years, because the name passed from father to son as an inheritance. It was a former croft of the mansion, which had become independent as a farm. It was low, but extensive and heavy-looking, so that it appeared to lie heavily on the hill. In the yard grew the finest spruce in the district, and the farmer used to boast that at least three cords of wood could be got out of it if it were felled.

In this present-day Emil Svarvars could be seen his father's features and characteristics. The father had been bent double by work, and it would bend the son, too. The work went on for eleven months of the year, but in the twelfth, which came after the spring sowings, it was the custom of every Svarvars to drink the whole month. The timing was strict: drinking began when the last potato was in the ground and finished when one first went to the hayfield. At other times Emil Svarvars was a sober man. And no one thought it wrong if he did ramble round the villages in a drunken stupor, because his habits were known, and he was, moreover, the master of a large, rich farm. The people at the farm got their sustenance from the soil, their prosperity from the byre, but their wealth from the apple trees.

Matti Hälli: Omenapuut

Talo oli kalliolla ja sen omisti Emil Svarvars. Sen oli omistanut Emil Svarvars jo parisataa vuotta, sillä nimi kulki perintönä isältä pojalle. Se oli hovin entinen torppa, taloksi itsenäistynyt. Se oli matala, mutta laajan ja raskaan tuntuinen, niin että se näytti painavan kalliota. Pihalla kasvoi koko seudun komein kuusi ja isännällä oli tapana kerskailla, että siitä saataisiin ainakin kolme syltä halkoja, jos se kaadettaisiin.

Tässä nykyisessä Emil Svarvarsissa saattoi nähdä hänen isänsä piirteet ja ominaisuudet. Isän oli työ vääntänyt käyrään ja vääntäisi pojankin. Työtä tehtiin yksitoista kuukautta vuodessa, mutta kahdentenatoista, joka sattui kevätkylvöjen jälkeen, oli jokaisella Svarvarsilla tapana juoda kokonainen kuukausi. Aikamitta oli tarkka: juominen alkoi kun viimeinen peruna oli maassa ja loppui kun ensi kerran mentiin heinäpellolle. Muina aikoina Emil Svarvars oli raitis mies. Eikä kukaan pitänyt pahana, vaikka hän kierteli kyliä tolkuttomassa humalassa, sillä hänen tapansa tunnettiin ja hän oli sitä paitsi suuren ja rikkaan talon isäntä. Talonväen elanto lähti maasta, hyvinvointi navetasta, mutta rikkaus lähti omenapuista.

The apple trees were in a cauldron-shaped valley, shel-
tered from the winds, and with additional shelter given by
tall forest. They were valuable trees, and the apples, well
known under the name of "Svarvars cinnamons", were the
result of nearly a hundred years of improvement. The yield
was sold in town, and the money flowed in a steady stream
into the farmer's bank account and into an old iron-bound
chest in his room, beside a drop-leaf cupboard.

When the trees flamed into flower, in the spring, over the
black earth, there seemed to be really too many to count.
From the farmhouse window, the valley looked like a foam-
ing white sea.

Emil was a bachelor, but the farm was not without a
mistress, because his sister Sigrid was also there and she was
fully equal to a farmer's wife. She was a little older than
Emil. People said she had looked magnificent when she was
younger, and there had been some men keen to marry her,
but she, too, had remained unmarried. She toiled for
eleven months like every other Svarvars, but did not drink
for the twelfth month: instead she roamed in the farm
woods and garden, and many had been surprised to meet
this taciturn, work-hardened woman fingering the petals of
a flower. But she was the daughter of a prosperous farm
and a capable mistress of the house, and no one dared to call
her peculiar, even if they thought it.

She looked contented.

Emil was not contented: he had begun to be troubled by
the fact that he had no heirs.

Emil Svarvars was an ugly man. His face had a gnarled
appearance, and its swarthiness, a common feature in the
family, added to the impression. With his stooping shoulders
and his constrained manner of speaking, he hardly corre-
sponded to the picture a woman has of her future husband.
Yet in spite of that he could have had anyone he wanted
for a wife, because there were many who burned with de-
sire to get married to the farm, the apple trees and the bank
account. The fault really lay in the fact that Emil had no

Omenapuut olivat tuulilta suojatussa, kattilamaisessa laaksossa, jota vielä korkea metsä suojasi. Ne olivat kallisarvoisia puita, ja omenat, jotka hyvin tunnettiin »Svarvarsin kanelin» nimellä, olivat lähes satavuotisen jalostuksen tuotetta. Sato myytiin kaupunkiin ja raha valui tasaisena virtana isännän pankkitilille ja vanhaan raudoitettuun kirstuun, joka oli hänen kamarissaan lahvikaapin vieressä.

Kun puut keväällä leimahtivat kukkimaan mustan maan yläpuolella, olisi voinut luulla, että niitä oli aivan laskemattomiin. Talon ikkunasta katsellen laakso oli kuin valkoisena kuohuvaa merta.

Emil oli poikamies, mutta talo ei ollut emännätön, sillä siellä oli myös hänen sisarensa Sigrid, joka hyvinkin vastasi emäntää. Hän oli hiukan Emiliä vanhempi. Sanottiin, että hänellä nuorempana oli ollut muhkea muoto ja halukkaita sulhasia, mutta hänkin oli jäänyt naimattomaksi. Hän raatoi yksitoista kuukautta niinkuin kaikki muutkin Svarvarsit, mutta ei ryypännyt kahdettatoista, vaan kuljeskeli talon metsissä ja puutarhassa, ja monet olivat hämmästyneet tavatessaan tämän umpimielisen, työn kovettaman naisen sormeilemassa kukan terälehtiä. Mutta hän oli rikkaan talon tytär ja pystyvä emäntä, eikä kukaan uskaltanut sanoa häntä kummalliseksi, vaikka sitä ajattelikin.

Hän näytti tyytyväiseltä.

Emil ei ollut tyytyväinen: häntä oli alkanut kiusata se ettei hänellä ollut perillisiä.

Emil Svarvars oli ruma mies. Hänen kasvonsa olivat pahan näköiset ja niiden tummuus, suvun yhteinen piirre, lisäsi vaikutelmaa. Köyristyvine hartioineen ja väkinäisine puhetapoineen hän ei hevin vastannut sitä kuvaa, mikä naisella on tulevasta miehestään. Mutta siitä huolimatta hän olisi saanut vaimokseen kenet tahansa, sillä oli monta, jotka paloivat halusta avioitua talon, omenapuiden ja pankkitilin kanssa. Oikeastaan vika oli siinä, ettei Emilillä ollut aikaa katsella naisia. Työaika oli pyhitetty ja juoma-

time to look at women. The working period was hallowed, and in his drinking period he was often unable to tell whether his companion was a man or a woman. But now the farm demanded an heir, and that demand could not be neglected.

The matter was broached when the last potato for the year was in the ground. Emil took off his working clothes and shaved off his week-old stubble. Then he went to the strong-box and dug deep into it. He put the big money into a leather case which he hung round his neck, smaller stuff went into an ordinary wallet and small change into a purse. Then he went to the mirror, and he laughed for the first time that year. His laugh was peculiar, and was known in many villages. It was as if large bubbles of air were coming from his throat. It could be heard even through thick walls. But Emil was rich enough to laugh in whatever way he liked.

Sigrid was sitting on the bench by the south wall of the house when he emerged. She was bare-headed, and her thick hair shone in the sunshine. Emil noted that she, too, was in her best clothes. A close-fitting blouse showed the form of her small, maidenly breasts. The bare arms were thick, the legs sturdy, like a man's. But the eyes were the eyes of a woman. Usually these two did not indulge in small talk, but this time Emil felt it his duty to make an exception.

"Come to say goodbye?" asked Sigrid, laughing, for she knew her brother's twelfth month. "You *are* elegant. As though you were going courting." She suddenly became serious and went on: "You're already in your middle thirties, Emil, and the farm hasn't a mistress."

"But that's what you are," replied Emil, and his awkward amiability moved her. "All the same, I've been thinking about it myself."

He sat down beside his sister.

"Don't you think about such things yourself?"

Sigrid did not reply. Emil did not ask anything else.

aikanaan hän ei useinkaan erottanut oliko seuralainen mies
vai nainen. Mutta nyt vaati talo perillistä, eikä sitä vaati-
musta voitu jättää huomaamatta.

Asia tuli puheeksi kun viimeinen peruna sinä vuonna oli
maassa. Emil riisui työvaatteensa ja ajoi viikon vanhan
parransängen. Sitten hän kävi kassakirstulla ja sukelsi
sinne syvään. Hän pani isot rahat nahkakoteloon, jonka
ripusti kaulaansa. Pienemmät taas tavalliseen lompakkoon
ja sormirahat kukkaroon. Sitten hän meni kuvastimen
ääreen ja nauroi ensimmäisen kerran sinä vuonna. Nauru
oli kummallista, ja se tunnettiin monessa pitäjässä. Oli
kuin suuria ilmakuplia olisi poreillut hänen kurkustaan. Se
kuului paksujenkin seinien läpi. Mutta Emil oli kyllin rikas
nauraakseen millä tavalla tahansa.

Sigrid istui penkillä talon eteläseinustalla hänen tulles-
saan ulos. Hän oli paljain päin. Paksu tukka hohti auringon-
paisteessa. Emil huomasi, että hänkin oli pyhävaatteissa.
Ruumiinmyötäinen pusero antoi hänen matalan neit-
syenrintansa näkyä. Paljaat käsivarret olivat vahvat, jalat
tukevat kuin miehen. Mutta silmät olivat naisen silmät.
Tavallisesti he eivät puhuneet turhia, mutta nyt Emil
katsoi velvollisuudekseen tehdä poikkeuksen.

— Tulitko hyvästille? kysyi Sigrid naurahtaen, sillä hän
tunsi veljensä kahdennentoista kuukauden.— Oletpa hieno.
Kuin kosimaan menossa. Hän tuli äkkiä vakavaksi ja
jatkoi: — Sinä olet jo puolivälissä neljättäkymmentä,
Emil, eikä talossa ole emäntää.
— Olethan sinä, vastasi Emil, ja hänen kömpelö ystä-
vällisyytensä liikutti naista. — Eipä silti, olen itsekin
ajatellut sitä.
Hän istuutui sisarensa viereen.
— Etkö itse ajattele sellaista?
Sigrid ei vastannut. Emil ei kysellyt enempää. Kyllähän

He was well aware of how matters stood. His sister had once fallen in love with a remarkable impostor, and had been on the brink of insanity when the man had taken fright at the strong feelings he had aroused. He had disappeared, afraid he would get his hands on money too hot to hold. Emil recalled him now, a rather plump, talkative man with an evasive glance, who had not seemed to him to be a man at all. But it was true that Sigrid did not always seem to be a woman, either. However, Emil had not given that any further thought.

At that moment they saw the gate being opened. The newcomer was a woman, and she was carrying suitcases.

Emil looked enquiringly at his sister.

"The new dairymaid, no doubt," Sigrid supposed. "She wrote that she would be coming any day now." They watched her as she approached, a sturdy, round-faced blonde. Her cheeks glowed from the effort of climbing the hill and carrying the heavy suitcases. Yes, she was the dairymaid. Her name was Brita. Emil noted her high breasts and enquiring, close-set eyes.

He put his hat on and went off without another word. It was not the custom to talk to employees more than was necessary. He was smiling to himself, but that was not because of the woman, for he had already forgotten her. He was thinking of other, more important matters: of the twelfth month.

But this time it happened that the very next day Emil went to an evening party which was really nothing to do with him, and in fact he was really unaware that he was at a party. There he met some young men from another locality, strangers to the master of Svarvars and not scared of his laughter, but who gave him a lesson with some birchsticks seized from a stack, so that his arm was broken in two places. And so, right at the beginning of his rest period, Emil returned home with his arm in splints, and retired to his room and the company of his bottles.

hän oli selvillä asiasta. Sisar oli kerran rakastunut merkilliseen huijariin ja ollut mielenvikaisuuden partaalla miehen säikähdettyä herättämäänsä rajua tunnetta. Mies oli kadonnut peläten saavansa hyppysiinsä liian tulisia rahoja. Emil muisti hänet nyt, lihavahkon, puheliaan, välttelevästi katsovan miehen, joka ei tuntunut hänestä ensinkään mieheltä. Mutta niinpä ei Sigridkään tuntunut aina naiselta. Tätä Emil ei kuitenkaan ollut enempää pohtinut.

Samassa he näkivät, että veräjä avattiin. Tulija oli nainen ja hänellä oli matkalaukut käsissään. Emil katsoi kysyvästi sisartaan.

— Varmaankin uusi karjakko, arveli sisar. — Hän kirjoitti tulevansa näinä päivinä. He katsoivat lähestyvää naista, joka oli tanakka, pyöreäkasvoinen ja vaaleatukkainen. Hänen poskensa punottivat mäelle nousemisen ja raskaiden laukkujen kantamisen vaivasta. Hän oli tosiaankin karjakko. Hanen nimensä oli Brita. Emil huomasi että hänellä oli korkea rinta ja että silmät olivat uteliaat ja tulivat likelle.

Emil pani hatun päähänsä ja läksi pitemmittä puheitta. Ei ollut tapana puhella palkollisten kanssa enempää kuin tarpeellista . Hän hymyili itsekseen, mutta se ei johtunut naisesta, sillä hän oli jo unohtanut tämän. Hän ajatteli muita tärkeämpiä asioita. Kahdestoista kuukausi.

Mutta tällä kertaa tapahtui niin, että Emil jo toisena päivänä meni iltamiin, joihin hänellä ei ollut mitään asiaa, eikä hän oikeastaan tiennytkään olevansa iltamissa. Siellä hän tapasi vieraspaikkakuntalaisia nuoria miehiä, jotka eivät tunteneet Svarvarsin isäntää eivätkä säikähtäneet hänen nauruaan, vaan ojensivat häntä pinosta siepatuilla koivuhaloilla, niin että hänen kätensä katkesi kahdesta paikasta. Näin Emil jo lepoaikansa alussa palasi kotiin käsi lastoissa ja vetäytyi kamariinsa pullojen pariin.

But now the spirits lacked their proper flavour for him. Guests were unwelcome to him in the house for company, and solitude became boring. At last he locked the bottles away in a cupboard and took to lying down, deciding for the first time in his life to idle. He had meals brought to his room, and the new dairymaid went there more and more frequently, obviously feeling more at home in the master's room than among the cows.

Robust, yet lying idle, he ate heartily and began to look at the woman. And the more he looked, the more he saw: laughing eyes and a moist mouth, quivering breasts under a taut blouse, and rounded hips and calves.

One day Emil held out his hand towards the woman and observed that there was no need for her to do so much. And Sigrid appeared to have no objection at all. Quite the contrary: she appeared smilingly in favour, and that was how things were until Emil began to talk of getting married.

Sigrid was silent, and did not look at her brother. Then she asked:

"To the maid?"

"Yes," he replied.

"No," said Sigrid quietly. "You mustn't! I've no objection to your amusements, but you shan't get married to her. She's not one of us. She shan't have this farm. Because that's what she wants, not you. Surely you don't imagine that? I've been watching her. She's the same sort as . . ."

She stopped suddenly, but he knew what she had been going to say. An angry expression flared suddenly in her glance. He, too, had noticed that Brita was in some undefinable way reminiscent of the man who had abandoned Sigrid. But there were other reasons, too. He had noticed, although he had not bothered to give the matter a second thought, that Brita was cautiously striving to do anything that Sigrid left undone, and to work her way, quietly and imperceptibly, into Sigrid's place. And that Sigrid, for some incomprehensible reason, was retreating.

Mutta nytpä ei viina oikein maistunut miehelle. Vieraita hän ei halunnut taloonsa seurakseen ja yksinolo kävi ikäväksi. Lopulta hän lukitsi pullot kaappiin ja heittäytyi makaamaan päätäen ensi kerran eläessään laiskotella. Hän antoi kantaa ruoan huoneeseensa, ja uusi karjakko kävi yhä useammin viihtyen ilmeisesti paremmin isännän kamarissa kuin lehmien parissa.

Vahva mies makasi laiskana ja söi lujasti ja alkoi katsella naista. Ja mitä enemmän hän katseli, sitä enemmän hän näki, nauravia silmiä ja kosteaa suuta ja hyllyviä rintoja tiukan puseron alla ja kaartuvaa lannetta ja pohjetta. Eräänä päivänä hän ojensi kätensä naista kohti ja huomasi, ettei hänen olisi tarvinnut tehdä niinkään paljon. Eikä Sigrid näyttänyt ollenkaan paheksuvalta. Päinvastoin hän näytti hymyilevän suopeasti, ja niin oli siihen saakka että Emil alkoi puhua naimisiinmenosta.

Sigrid oli hiljaa eikä katsonut veljeään. Sitten hän kysyi:

— Piian kanssa?

— Niin, vastasi mies.

— Ei, sanoi Sigrid hiljaa.—Et mene! Minulla ei ole mitään sinun huvejasi vastaan, mutta naimisiin et mene tämän kanssa. Ei hän kuulu meihin. Hän ei saa tätä taloa. Sillä sitä hän haluaa eikä sinua. Et kai sellaista kuvittele? Olen katsellut häntä. Hän on samanlainen kuin . . .

Äkkiä hän vaikeni, mutta mies tiesi, mitä hän oli aikonut sanoa. Vihan ilme leimahti naisen katseessa. Mieskin oli huomannut, että Brita määrittelemättömällä tavalla muistutti miestä, joka oli jättänyt Sigridin. Mutta muitakin syitä oli. Hän oli huomannut, vaikka ei ollut viitsinyt sitä ajatella tarkemmin, että Brita varovaisesti pyrki tekemään kaiken mikä Sigridiltä jäi tekemättä; työntyi hiljaa ja huomaamatta hänen tilalleen. Ja että Sigrid jostakin käsittämättömästä syystä peräytyi.

"She's going to have a child," he said briefly.

"You aren't the first man to have a child by a servant girl," she observed. "Yet those girls haven't become mistresses of farms."

"And what if this one does?"

"Then I'll go," she replied in a low voice.

"Where to?" he asked, and realized he had gone too far.

"If she becomes the mistress of this house, then I'll go," said Sigrid in an obstinate tone, her eyes fixed, dark and strange, on her brother.

Then, suddenly, Emil had a flash of authority.

"You'll stay here, whatever happens. And I'll do as I wish. And this girl's a good worker. What's wrong with her? I haven't time to go looking for someone else, and the farm needs an heir."

"—who'll get the apple trees, too," said Sigrid in a strange tone. ". . . the apple trees, too," she repeated.

After this she withdrew within herself more than before. She did only the most essential things, spoke only when it was unavoidable and left the running of the house to Brita. She walked about alone, mostly in the orchard, where she tended the apple trees with quite special care. She finally came to spend entire days in the orchard, paying no attention to anything else. Emil saw nothing strange in that, but when Sigrid, even after the apple picking, was just as persistently engaged in the orchard, there was a moment of surprise in his mind. It was a flash of suspicion akin to fear, which vanished as quickly as it had come. In the autumn Emil married Brita, immediately after the grain was harvested, and the wedding guests saw that the couple would not have to wait long for a happy event.

One day towards the end of September Sigrid disappeared. No one saw her go. She left no letter behind her. Emil wanted at first to search for her, but soon realized the uselessness of that. Sigrid would not come back in any case. He knew his sister. But sometimes he recalled the gleam of

— Hän saa lapsen, sanoi mies lyhyesti.

— Et ole ensimmäin en mies, jolla on lapsi piian kanssa, virkahti nainen. — Eikä heistä silti ole tullut emäntää taloon.

— Entäpä jos nyt tulee?

—Silloin minä lähden, vastasi nainen matalasti.

— Minne? kysyi mies ja huomasi menneensä liian pitkälle.

— Jos hänestä tulee tämän talon emäntä, niin minä lähden, sanoi Sigrid itsepintaisella äänellä ja hänen silmänsä tuijottivat mustina ja kummallisina veljeä.

Silloin Emil sai äkkiä määräämisvallan puuskan.

— Sinä jäät tänne, tapahtuipa mitä tahansa. Ja minä teer. niinkuin itse tahdon. Tämähän on hyvä työihminen. Mikä hänessä on vikana? Ei minulla ole aikaa lähteä hakemaan pitemmältä, ja talo tarvitsee perillisen.

— Joka saa omenapuutkin, lausahti Sigrid kummallisella äänellä. — Omenapuutkin, toisti hän.

Tämän jälkeen hän sulkeutui entistä enemmän itseensä. Teki vain tarpeellisimman. Puhui vain välttämättömimmän. Jätti talon hoitamisen Britalle. Kuljeskeli yksinään enimmäkseen puutarhassa, missä hän aivan erikoisella huolella hoiteli omenapuita. Lopulta hän oli kaiket päivät puutarhassa välittämättä mistään muusta. Emil ei huomannut siinä mitään outoa, mutta kun Sigrid omenien poimimisenkin jälkeen yhtä itsepintaisesti työskenteli puutarhassa, hänen mielessään käväisi ihmettely. Se oli pelonomainen epäluulon häivähdys, joka katosi yhtä nopeasti kuin syntyikin. Syksyllä Emil meni naimisiin Britan kanssa, heti kun vilja oli saatu korjatuksi, ja hääväki näki ettei parille tarvinnut paljon perillisonnea toivotella.

Eräänä syyskuun lopun päivänä Sigrid katosi. Kukaan ei nähnyt hänen lähtevän. Hän ei jättänyt mitään kirjettä jälkeensä. Emil aikoi ensin etsiä häntä, mutta käsitti sen pian hyödyttömäksi. Sigrid ei missään tapauksessa tulisi takaisin. Hän tunsi sisarensa. Eikä hän oikeastaan kai-

a strange, blind hatred which had been in his sister's eyes before her disappearance.

Spring descended on the farm on the hill and on the apple trees in the valley. But though the rain fell and the sun shone, the apple trees remained black. Emil was the first to notice it. The trees were like the black skeletons of strange animals. There was not a spark of life in them. And yet everything was like a hundred other summers. Emil felt a strange flash of fear in his slow mind. He walked among the trees, felt their bark, dug up some soil from underneath them. There was nothing out of the ordinary to be seen. But he was thorough. He took a spade and dug out the roots of several trees to have a look at them. As he was doing this he noticed something white in the soil, picked it up in his hands and tasted it. The acrid taste of salt spread on his tongue.

vannutkaan tätä. Mutta joskus hän muisti kummallisen, sokean vihan välähdyksen, joka oli ollut sisaren silmissä ennen hänen katoamistaan. Kevät laskeutui kalliolla olevan talon ja laakson omenapuiden ylitse. Mutta vaikka sade lankesi ja aurinko heloitti, omenapuut pysyivät mustina. Emil huomasi sen ensiksi. Puut olivat kuin outojen eläinten mustia luurankoja. Niissä ei ollut hiventäkään elämää. Ja kuitenkin kaikki oli kuin satana muuna kesänä. Emil tunsi oudon pelonvärähdyksen hitaassa mielessään. Hän käveli puiden lomitse, tunnusteli niiden kuorta, penkoi maata niiden juurilta. Mitään kummallista ei näkynyt. Mutta hän oli perinpohjainen. Hän otti lapion ja kaivoi muutamien puiden juuret näkyviin. Samassa hän huomasi jotakin valkoista mullassa, poimi sen käteensä ja maistoi. Suolan katkera maku levisi hänen kielelleen.

The man was on his way to the train.

"Station clock shows five to six," he thought. "I'll walk as far as that post. Briefcase and typewriter in my left hand are heavier than my suitcase in my right hand. Yes, I'll walk on as far as that post. My left hand's numb, fingers are quite painful. I'll pause here."

"Luggage in," he read. "Wonder what's in that wing?" he thought. "Sleeping berth ticket's in breast pocket. Coach 113, berth 21, that's in the middle of the coach. Can't see the clock from here. The sky was blue and almost cloudless. Over there's the north, and there the sky's greenish. I'll go now." He saw a post-office truck at the end of a passage-way. He thought: "The man's in front. They all go the same way." He passed through the passage-way and went to the platform. There's the train. He heard the station announcement in Finnish and Swedish: "Fast train, number sixty-three for Tornio, departure time eighteen hours, leaving from platform four." He saw a gipsy woman and girl getting into the carriage, and thought: "Wonder where those two are going?"

"Now how could one make the time pass? Now it's this

A H W

Antti Hyry: Junamatkan kuvaus

I

Mies oli menossa junaan.

Aseman kello on viittä vailla kuusi, hän ajatteli. Tuohon pylvään kohdalle kävelen. Salkku ja kirjoituskone vasemmassa kädessä painavat enemmän kuin matkalaukku oikeassa kädessä. Kävelenkin vielä tuon pylvään kohdalle. Vasen käsi on puutunut, sormiin käy aivan kipeästi. Tässä levähdän.

»Saapuvat matkatavarat», hän luki. Mitähän tuossakin siivessä on, hän ajatteli. Makuupaikkalippu on etutaskussa. Vaunu 113, paikka 21, se on vaunun keskellä. Kelloa ei näe tähän. Taivas näkyi sinisenä ja melkein pilvettömänä. Tuolla on pohjoinen ja siellä taivas on vihertävä. Nyt minä menen. Hän näki postikärryjä käytävän päässä. Mies on keulassa. Ne kulkevat kaikki samaa jälkeä, hän ajatteli. Hän tuli käytävästä ja käveli laiturille. Tuossa on juna. »Pikajuna numero kuusikymmentäkolme Tornioon, lähtöaika kello kahdeksantoista, lähtee raiteelta neljä. Snälltåget nummer sextiotre till Torneå, avgångstid klockan aderton, avgår från spåret fyra», hän kuuli kuuluttajan ilmoituksen. Hän näki mustalaisnaisen ja tytön nousevan vaunuun ja ajatteli, että mihinkähän nuokin menevät.

Mitenkähän saisi ajan kulumaan. Nyt on tämä hetki.

moment. Now it's now." He was walking and he had the feeling that he would never arrive. "Walk along the platform, alongside the train. Day coaches, there's the luggage van, first- and second-class sleeping cars. How will it feel when I'm over there by the steps? Now I've passed the steps. That's the carriage, someone standing on the steps. Now he's got out of the way." He saw there was an intermediate door in the corridor of the coach. "At the other end is the first-class," he thought, and went to the door of the compartment. The compartment was empty. He put the case on the rack and the briefcase and typewriter on the bed. "I'll throw my hat on the bed and put my coat on the peg by the door, that's the best thing.

"I'll go out and have a look." He went along the corridor. "Will passengers kindly board the train." "I'm outside. Here there's a smell of engine-oil, engine-smoke and sea air. I didn't miss the train." He saw the guard. "It'll soon be moving. People going to the steps and others standing watching. Now the train's moving," he said to himself.

He held on to the handrail and got on to the upper step. The train was moving, the asphalt platform gave way to a wooden one. In front of him a shed came in sight, carriages, a bay and houses beyond the bay. "Should I go somewhere or stand here? Everybody standing or sitting in the corridor, why don't they go into their compartments?" He walked along the corridor. "I'll dodge that man, the carriage is moving, there's 21." He found there was a man in the compartment.

"We're in the same compartment," he said loudly.

"How d'you do. It's a good compartment."

"Yes, middle of the coach."

"When one end rises, in the middle you only rise half way," he thought. "If both ends rose at the same time you'd rise in the middle, too, but that rarely happens. If one end goes up and the other goes down it isn't felt at all in the middle." The man went out of the compartment.

Nyt on nyt. Hän käveli ja hänestä tuntui, ettei milloinkaan pääse perille. Kävellä junan vieressä laituria pitkin. Istumavaunuja, tuossa on tavaravaunu, ensimmäisen ja toisen luokan makuuvaunuja. Miltähän tuntuu, kun olen tuossa portaan kohdalla. Nyt menin portaan ohi. Tuossa on vaunu, joku seisoo portailla. Nyt se meni pois tieltä. Hän näki, että vaunun käytävässä oli väliovi. Toisessa päässä on ensimmäinen luokka, hän ajatteli ja käveli hytin ovelle. Hytti oli tyhjä. Hän pani laukun hyllylle ja salkun ja koneen petin päälle. Hatun heitän petin päälle ja takin panen oven suussa olevaan naulaan, se on paras.

Menen ulos katsomaan. Hän käveli käytävän läpi. »Olkaa hyvä ja nouskaa vaunuihin.» Olen ulkona. Täällä on koneöljyn, veturinsavun ja meri-ilman tuoksu. En myöhästynyt. Hän näki junanlähettäjän.[1] Kohta se liikkuu. Menevät portaille ja toiset seisovat katsomassa. Nyt juna liikkuu, hän sanoi itsekseen.

Hän piti kiinni kaideputkesta ja nousi ylemmälle portaalle. Juna liikkui, asfalttilaituri vaihtui lautalaituriksi. Hänen edessään näkyi koppi, vaunuja, lahti ja taloja lahden takana. Lähtisinkö johonkin vai seisoisinko tässä. Kaikki seisovat tai istuvat käytävässä, menisivät hytteihinsä. Hän käveli käytävää pitkin. Väistän tuota, vaunu liikkuu, tuossa on 21. Hän huomasi, että hytissä oli mies.

— Ollaan samassa hytissä, hän sanoi kovalla äänellä.
— Päivää, hyvä hytti.
— Niin on, keskellä vaunua.
Kun toinen pää nousee, niin keskeltä nousee vain puolet, hän ajatteli. Jos kumpikin pää nousisi yhtä aikaa, niin keskeltäkin nousisi, mutta niin käy harvoin. Jos toinen pää nousee ja toinen laskee, niin keskellä ei tunnu yhtään. Mies

1. junanlähettäjä: "train-dispatcher"

Through the window could be seen a hill, smoke, sky and birch trees. "How could one make the time pass? I won't try to make it pass yet—as soon as it starts it's always passing for a time." He took the briefcase from the upper berth and took a book out of it. He went to the door of the compartment and looked into the corridor, and put the book into the side pocket of his jacket. He was wearing an ordinary dark grey suit and on his feet were reddish rubber-soled shoes. At a window near the end of the corridor there was a seat vacant.

Through the window could be seen trees and buildings, smoke and sky. "The train moves along rails," he thought. "Woman and child there, a woman and a man there. Someone's already gone into the compartment. They're all the same sort as I am. They've got ears just as I have. The gipsy girl and I are the same sort. I'll look through the window for a time. I can see trees, and over there's a farm. In the morning we shall be there, but now I'm here," he thought. "How's that? Don't get to a restaurant-station for three hours. Road, trees and a horse. They're there, outside," he thought.

He sat looking outside and at the corridor in turn. The guard was coming, stamping tickets. When the guard arrived, he showed his ticket and replied to a question. The guard went on, knocking at the compartment doors and peering into the compartments. He saw women, children and men sitting and standing in the corridor. The corridor walls were of lacquered plywood, at ceiling level the wall was bent towards the corridor; the ceiling was white. In the windows there were double panes of glass, at the sides of the windows there were curtains.

Outside were farmhouses, fields, woods, ditches, and here and there a pond or a lake. In the fields could be seen standing grain; there were yellow patches on the deciduous trees, and clouds in the sky.

The carriage was travelling along the rails, the corridor rattled and jolted. He walked along to the carriage vesti-

lähti pois hytistä. Ikkunasta näkyi kalliota, savua, taivasta ja koivuja. Miten saisi ajan kulumaan. En koeta sitä vielä kuluttaa, aina se alusta kuluu jonkin aikaa. Hän otti salkun yläpetiltä ja otti siitä kirjan. Hän meni hytin ovelle katsomaan käytävälle ja pani kirjan takin sivutaskuun. Hänellä oli päällään tavallinen tummanharmaa puku ja jaloissa punertavat kumipohjaiset kengät. Ikkunan vieressä lähellä käytävän päätä oli vapaa istuin.

Ikkunasta näkyi puita ja rakennuksia, savua ja taivasta. Juna liikkuu pitkin ratakiskoja, hän ajatteli. Siinä on nainen ja lapsi, sinnä on nainen ja mies. Joku meni jo hyttiin. Nuo kaikki ovat samanlaisia kuin minä. Niillä on korvat niinkuin minulla. Mustalaistyttö ja minä olemme samanlaisia. Katson ikkunasta jonkin aikaa. Puita näkyy ja tuolla on talo. Aamulla ollaan siellä mutta nyt olen täällä, hän ajatteli. Mitenkähän se on niin. Kolmen tunnin päästä vasta on ravintola-asema. Tie, puita ja hevonen. Ne ovat tuolla ulkona, hän ajatteli.

Hän istui ja katsoi vuorotellen ulos ja vaunun käytävälle. Konduktööri tuli ja leimasi lippuja. Kun konduktööri oli kohdalla, hän ojensi lipun ja vastasi kysymykseen. Konduktööri meni eteenpäin, koputteli hyttien oville ja kurkisteli hytteihin. Hän näki, että naisia, lapsia ja miehiä istui ja seisoi vaunun käytävässä. Käytävän seinät olivat lakattua vaneria, katon rajassa seinää oli taivutettu käytävään päin, katto oli valkea. Ikkunoissa oli kaksinkertaiset lasit, ikkunoiden sivulla oli verhot.

Ulkona oli taloja, peltoja, metsää, ojia ja siella täällä lampi tai järvi. Pelloilla näkyi leikkaamatonta viljaa, lehtipuisssa oli keltaisia läikkiä ja taivaalla pilviä.

Vaunu liikkui kiskoja pitkin, käytävä tärisi ja tutisi. Hän

bule, went to the lavatory, and came back and stood by the door.

You could see outside through the window in the door. In the vestibule window a reflected moving landscape was visible—the train might equally well have been moving along with the reflection. He tried to imagine that the train was moving backwards, along with the reflected image.

2

After a time he went from the vestibule to the corridor, sat on another window seat and took a book from his pocket. He looked out of the window—between the panes of glass there was some water-vapour.

"It's day, and then it's night," he thought. Indeed, there's no night and no day separately, if you come to think about it: night and day, one after another, are all part of the same world. If only you never felt sleepy, and if you could stay awake night and day without a break.

The book had a shiny cover; there was a yellow figure on it, on a dark background.

I, even I, am he who knoweth the roads
Through the sky, and the wind thereof is my body . . .

"Forest there," he thought, looking out of the window. "Grass and stones, can't see any moss. On the wall of the corridor, behind glass, there's an axe, a saw, a crowbar and a box of matches. Sampo Matches, average contents fifty."

When the ground is frozen on the surface the puddles are covered with ice, and there are no leaves on the birch trees, with snowflakes in the air but not yet on the ground, you look for ice that will bear you, you're in the snowy weather, and there are a few snowflakes on the surface of the ice, and it's twilight, so that you can hardly see them.

If only one could be in every place at the same time—in the train, in the woods, under a tree and over there by the wall of the building.

meni vaunun eteiseen, kävi käymälässä ja tuli seisomaan oven viereen.

Oven ikkunasta näkyi ulos. Eteisen ikkunasta näkyi heijastuva liikkuva maisema; yhtä hyvin voisi juna liikkua heijastuksen mukaan. Hän koetti kuvitella, että juna liikkui peilikuvan mukana takaisin päin.

2

Hän meni jonkin ajan kuluttua eteisestä käytävään, istui toiselle tuolille ikkunan viereen ja otti taskusta kirjan. Hän katsoi ulos ikkunan läpi, lasien välissä oli huurua.

On päivä ja sitten on yö, hän ajatteli. Yötä ja päivää ei olekaan erikseen, jos niin ajattelee; yöt ja päivät peräkkäin ovat samaa maailmaa. Kun ei koskaan nukuttaisi, ja kun saattaisi olla yöt ja päivät hereillä yhteen menoon.

Kirjassa oli kiiltävä kansi; siinä oli tummalla pohjalla keltainen kuva.

I, even I, am he who knoweth the roads
Through the sky, and the wind thereof is my body . . .

Siinä on metsää, hän ajatteli ja katsoi ikkunasta. Ruohoja ja kiviä, sammalia ei näy. Käytävän seinällä on lasin alla kirves, saha, sorkkarauta ja tulitikkulaatikko. Sampotulitikkuja[1] keskimäärin viisikymmentä kappaletta.

Kun maa on pinnasta jäässä, vesirapakot jäässä eikä koivuissa lehtiä, ja lumihiutaleita on ilmassa mutta ei vielä maassa, hakee jäätä, jonka päällä saattaa seisoa, on lumisateisessa ilmassa ja jään pinnalla on harvassa lumihiutaleita ja on hämärä, niin että niitä ei tahdo nähdä.

Kun saattaisi olla yhtäaikaa joka paikassa, junassa, metsässä, puun juurella ja tuolla rakennuksen seinän vieressä.

1. Sampo: magic mill in Finnish mythology

He sat at the window looking out. The train was slowing down. "It'll stop soon," he thought, "there's a kiosk on the station." He put the book in his pocket and got up. He walked along the corridor, past the people, to the vestibule of the coach, and when the train stopped he got out and went for a stroll towards the kiosk. There were some men coming to the kiosk.

"A cup of coffee."

"Anything else?" asked the woman and poured some coffee into a cup.

"How much is that?"

He paid, then went to drink it between the kiosk and a post. He looked up and down the platform. He had some of the roll and some coffee in his mouth. He put the empty cup in at the window and stood by the steps. He climbed into the carriage when the train began to move.

"I'll go on sitting over there. If only we could get to the restaurant station, then one could stay awake a bit longer before going to bed. How on earth will the time pass? Then I'll sleep in the upper berth. Two hours before we get to the restaurant station. I'll sit here for a bit."

He was sitting on a seat and looking out of the window.

"You've got to look indifferent. What are we like when we look indifferent?" His face gave an impression of no wrinkles, only an expressionless pose. His hands were at his sides, the fingers separated from each other. His legs were free, and his toes side by side. The hard wooden seat was trying and sitting was tiring. He saw what was in front of him and was aware of what went on around him. A woman was sitting in front: transparent blouse and green skirt. There were people standing in the corridor, the corridor walls were of plywood, the train was in motion. The coach was rattling. Between the window-panes there was some vapour. Outside were earth, trees, buildings and lights.

"I'm not thinking anything," he said to himself. In his cosmos there were neither thoughts nor words. All around

Hän istui ikkunan vieressä ja katsoi ulos. Juna meni hitaammin. Kohta se pysähtyy, asemalla on kioski, hän ajatteli. Hän pani kirjan taskuun ja nousi ylös. Hän meni käytävää pitkin ihmisten ohi vaunun eteiseen ja kun juna pysähtyi, hän astui maahan ja lähti kävelemään kioskia kohti. Miehiä tuli kioskille.

— Kuppi kahvia.

— Tuleeko muuta, nainen sanoi ja kaatoi kahvia kuppiin.

— Paljonko tuo maksaa.

Hän maksoi ja meni juomaan kioskin ja pylvään väliin. Hän katsoi molempiin suuntiin laiturille. Hänellä oli suussa pullaa ja kahvia. Hän pani tyhjän kupin luukusta sisään ja seisoi portaitten edessä. Hän nousi vaunuun, kun juna lähti liikkeelle.

Istun vielä tuohon. Kunhan pääsisi ravintola-asemalle, sitten saattaisi valvoa vielä ennen kuin menisi nukkumaan. Mitenkähän kuluisi aika. Sitten nukun yläpetillä. Kahden tunnin päästä on ravintola-asema. Istun tässä jonkin aikaa.

Hän istui tuolilla ja katsoi ulos vaunun ikkunasta.

Pitää olla ilmeetön. Miten silloin ollaan, kun ollaan ilmeettömiä. Hänen kasvonsa olivat niin, että niissä ei tuntunut ryppyjä vaan ilmeetön asento. Kädet olivat sivuilla ja sormet erillään toisistaan. Jalat olivat vapaasti ja varpaat vieri vieressä. Kova istuinlauta painoi ja istuminen väsytti. Hän näki, mitä edessä oli ja tunsi mitä ympärillä tapahtui. Nainen istui edessä; läpikuultava pusero ja vihreä hame. Ihmisiä seisoi käytävässä, käytävän seinät olivat vaneria, juna liikkui. Vaunu tärisi. Ikkunan lasien välissä oli huurua. Ulkona oli maata, puita, rakennuksia ja valoja.

En ajattele mitään, hän sanoi itsekseen. Hänen avaruudessaan ei ollut ajatuksia eikä sanoja. Ympärillä oli

were the carriage corridor, plywood walls, windows and people. The coach was rattling, travelling along with the train on the tracks. He was on a seat, and between him and the seat, the wall, the floor and the air in the corridor were clothing and shoes. His head and hands were bare.

"Is that man going to smoke in the corridor? He's just standing there and lighting up. Standing and drawing. Ought to be told to go into the vestibule. Now he *is* going. Wonder if he'll shut the door?

"This carriage is going along the rails. What about having some sort of expression," he thought, and sat with his mouth slightly open. Then he pursed his lips as if for whistling, trying to see how it felt. He wrinkled his forehead, and found that it didn't feel right. He tried various expressions: half closed one eye, looked happy, looked tired and then surprised. People were going gradually from the corridor into the compartments. He kept his lips half pursed for whistling and looked straight in front.

"Wonder how I could make time pass suddenly? Shall I stand up? The speed's slackening." He stood up and walked towards the door. The train drew up at a long platform, but there were no station buildings in sight. He stepped down and walked to and fro, looked at the windows of the sleeping compartments and thought of the engine-smoke in the air, which can be smelt in a train and at stations. When the guard waved a green light he climbed the steps, and the train stirred into motion and set off again.

He went and sat by the window. He sat looking along the corridor and out of the window.

Then it had been Sunday.

"Martti's legs aren't long enough to ride sitting on the saddle," Akseli had said.

"It wants a board on it. Over there in the shed there's a saw and a board—bring the bike here."

But it's Sunday today—how can you saw on a Sunday?

The men went to the end of the shed, with Akseli pushing

vaunun käytävä, vaneriset seinät, ovia, ikkunoita ja ihmisiä. Vaunu tärisi ja kulki junan mukana rataa pitkin. Hän oli istuinlaudalla, ja hänen ja laudan, seinän lattian ja käytävän ilman välillä olivat vaatteet ja kengät. Pää ja kädet olivat paljaina.

Aikooko tuo mies polttaa tupakkaa käytävässä. Siinä se vain seisoo ja sytyttää tupakkaa. Seisoo ja vetää tupakkaa. Se olisi käskettävä välikköön. Nyt se meneekin. Paneekohan se oven kiinni.

Tämä vaunu menee kiskoja pitkin. Jos olisi niin, että olisi jokin ilme, hän ajatteli, ja hän istui ja piti suuta raollaan. Hän pani sitten suun vihellysasentoon, koetti, miltä se tuntuu. Hän pani otsan ryppyyn ja huomasi, että se ei ollut hyvän tuntuista. Hän koetti erilaisia ilmeitä; pani toisen silmän raolleen, oli iloisen näköinen, oli väsyneen ja hämmästyneen näköinen. Ihmisiä meni käytävästä hytteihin vähitellen. Hän piti huulia puoliksi vihellysasennossa ja katseli eteensä.

Mitenkähän saisi ajan yhtäkkiä kulumaan. Nousenkohan ylös. Vauhti hiljenee. Hän nousi ylös ja käveli ovea kohti. Juna pysähtyi pitkän laiturin kohdalle, asemarakennuksia ei näkynyt. Hän astui maahan ja käveli edestakaisin, katseli makuuhyttien ikkunoita ja ajatteli ilmassa olevaa veturin savua, jonka haju tuntuu junassa ja asemilla. Kun junanlähettäjä heilutti vihreää valoa, hän nousi portaille, ja juna liikahti lähtien menemään taas.

Hän meni istumaan ikkunan viereen. Hän istui ja katsoi vaunun käytävään ja ulos ikkunasta.

Silloin oli pyhä.

— Martti ei yllä ajamaan istuimelta, sanoi Akseli.

— Siinä pitäisi olla lauta. Tuolla on liiterissä saha ja lauta, tuo se pyörä tänne.

Nythän on pyhä, miten pyhänä sahataan.

Miehet menivät liiterin päähän, Akseli talutti pyörää.

the bicycle. Akseli picked up a piece of board from the ground. He sawed it in two and sawed notches in the ends.

Now they're doing wrong, you mustn't work on a Sunday.

Akseli cut the board narrow in the middle and tried it, to see if it fitted on the ladies' bicycle.

"Sit on," said Akseli, and held the bicycle by the saddle. Martti lifted his leg and put it over the board.

"Now you *can* reach to pedal."

He had a feeling that it was tiresome to be sitting, and he thought the train was not getting on. The train existed and the carriage was rattling and he must be in the carriage.

"There's still a long time before the restaurant station. Now how does time pass when it goes so slowly? It goes by fastest when something comes into your mind. Now I'm sitting here and nowhere else, and nothing can be done about that. Can't be helped at all. There's no kind of help in confused thought. What can be said about confused thoughts is that they are confused. If you think, you think you're sitting, and you feel the seat's plaguing you. Or you can just as well recollect something, what you remember of what's happened before. It's dusk, there are trees in sight, the carriage is rattling. I slept so late in the day that I woke of my own accord in a room with walls, a floor, a ceiling and two windows."

As he sat on the wooden seat and looked through the window into the dusk and along the corridor of the carriage, he tried to recollect how he had joined in taking wood to the saw-mill.

"We'll soon get two or three more trees from over on Kivelä Heath."

"Where can we get another cart to go behind this one?"

"We'll manage all right with this one. We'll lift the trunks on to that and the tips'll drag on the ground. The horse'll pull it all right. You take that axe there so that you can do some lopping. I'll drive the horse."

The horse set out from in front of the stable, and walked

Akseli otti laudankappaleen maasta. Hän sahasi sen poikki ja sahasi päihin kolot.
Nyt ne tekevät väärin, ei pyhänä saa tehdä työtä.

Akseli veisti laudan keskeltä kapeaksi ja koetti sitä, sopiiko se naisten pyörään.
— Istupa siihen, sanoi Akseli ja piti pyorää istuimesta. Martti nosti jalan laudan yli.
— Yletythän sinä polkemaan.
Hänestä tuntui vaikealta istua ja hän ajatteli, ettei juna päässyt eteenpäin. Juna oli ja vaunu tärisi ja hänen piti olla vaunussa.
Vielä on pitkästi aikaa ennen kuin on ravintola-asema. Mitenkähän aika kuluu kun se menee näin hitaasti. Se kuluu silloin paremmin, kun tulee jotain mieleen. Nyt istun tässä enkä missään muualla, eikä siinä auta mikään. Ei ole mitään auttamistakaan. Sekavassa ajatuksessa ei ole mitään auttamista. Sekavista ajatuksista saattaa sanoa, että ne ovat sekavia. Jos ajattelee, niin ajattelee sitä, että istuu, ja tuntee, kuinka istuin painaa. Tai yhtä hyvin voi muistella jotakin, mitä muistaa siitä, mitä ennen on ollut. On hämärä, puita näkyy, vaunu tärisee. Nukuin päivällä niin kauan, että heräsin itsestään huoneessa, jossa oli seinät, lattia, katto ja kaksi ikkunaa.

Kun hän istui astuinlaudalla ja katsoi ikkunasta ulos hämärään ja vaunun käytävään, hän koetti muistella, miten oli ollut viemässä puita sahalle.

— Pian me viedään vielä pari kolme puuta tuosta Kivelänkankaalta.
— Mistä saadaan toiset rattaat tähän perään?
— Kyllä näillä menee. Tyvet nostetaan tuohon ja latvat luistavat maassa. Kyllä Into[1] vetää. Ota kirves tuolta itsellesi, että saat karsia. Minä ajan hevosen.
Hevonen lähti tallin edestä ja käveli kenttää pitkin,

1. Into: horse's name "Eagerness"

across the field, the cartwheels pressing the grass down and rolling over the stones. The horse reached the road. When they got to Kivelä Heath the horse turned off the road.

"You bring some hay."

The horse began to eat. It was cloudy weather. Between the club-house and the road there were some small and large trees.

"That spruce."

"We'll take that pine there, bring the saw."

From one side the saw went deeper and deeper.

"Look out!"

The top of the tree swished.

"Saw it off there. Lop it and I'll fell that one next."

The axe fell on the bases of the branches and the branches came off. The branches fell closer to the ground, and under the branches there was litter, stones and moss. A tree-top stirred and another tree fell.

"All right, let's sit down."

"We'll get that one over there, too."

"Where shall we cut it?"

"Over there by the stone."

After a time the tree-top swayed and the tree fell. When the trees had been lopped, they brought the horse to the spot. They raised the lower ends on to the cross-bar and lashed them on firmly.

The tree-tops dragged on the ground. The horse set off along the road. The tops dragged on the road. As the horse hauled the load, wrinkles appeared on his hind-quarters in regular rhythm with his steps. The horse was given a rest two or three times and then he got to the heath, about three-quarters of a mile away, where the saw-mill stood.

When the rope was loosened the horse pulled the cart from under the trunks, and the trees fell to the ground. The tops had been worn down obliquely. The sound of the saw-mill could be heard continuously.

"Come and take a seat."

"Well—all right."

kärrynrattaat painoivat ruohoja ja menivät kivien päältä.
Hevonen tuli maantielle. Kun tuli Kivelänkangas,
hevonen kääntyi tieltä.

— Tuo sinä heiniä.

Hevonen rupesi syömään. Ilma oli pilvinen. Seura-
huoneen ja maantien välissä oli pieniä ja isoja puita.

— Tuo kuusi.
— Tuosta otetaan petäjä, tuo saha.
Toiselta puolelta saha meni syvemmälle ja syvemmälle.
— Varo.
Puun latva suhisi.
— Tuosta poikki. Karsi se niin minä kaadan tuon
toiseksi.

Kirves sattui oksien juureen ja oksat lähtivät irti. Oksat
putosivat lähemmäs maata, oksien alla oli roskia, kiviä ja
sammalia. Puun latva liikahti ja toinen puu kaatui.

— No istutaanhan.
— Tuosta otetaan vielä tuo.
— Mistä tuo katkaistaan.
— Tuosta kiven kohdalta.

Jonkin ajan kuluttua puun latva heilui, ja puu kaatui.
Kun puut oli karsittu, he ajoivat hevosen paikalle. He
nostivat tyvet poikkipuulle ja köyttivät lujasti kiinni.

Puunlatvat hankasivat maata. Hevonen käveli maan-
tielle. Latvat hankasivat maantietä. Hevonen veti niin,
että lautasilla näkyi ryppyjä aina askelien tahdissa.
Hevonen sai levähtää pari kolme kertaa ja se tuli noin
kilometrin päässä olevalle sahan kankaalle.

Kun köysi löysäsi, hevonen veti kärryt tyvien alta ja
puut putosivat maahan. Latvat olivat kuluneet vinoiksi.
Sahan ääni kuului yhtäjaksoisena.

— Tulehan istumaan.
— No niin.

"Hold on to the shaft."

The horse trotted along the road.

When the horse reached the yard they unharnessed it and led it into the stable. There was some water in the bottom of a bucket, and some hay in the manger.

In the living room there was an old gipsy woman and a gipsy girl.

However was time going to pass? "Journey and time are passing at the same time," he thought. As the train went on, farms began to be seen more frequently.

He rose and went along the corridor. When he was near the door the train slowed down and he swayed towards the door. He went into the vestibule and opened the outer door. On the ground there were several tracks to be seen. He could smell the smoke of the engine, and saw signal lights in a railway yard, and tall towers with powerful lights on them. The train passed under a bridge. The speed slackened more and more. A platform was under the steps. The train stopped. He stepped down and set off at a run towards the restaurant. He ran along the platform, round huts and walls, down some steps, then to the left, up some steps, turned left through a glass door into the restaurant, and walked to the other end of the room up to the counter.

"What can I get you?"

"A beef soup and a patty."

The woman went through the door. She came back bringing a patty and a beef soup.

"Anything else?"

"A glass of milk."

She handed him a glass of milk.

"Ninety-six."

He paid, she gave him some change and he took the meat patty, the soup, glass of milk, knife and fork and paper napkin to a table. He sipped some soup, put some pie into his mouth with the fork and sipped some milk. "It's a bit too much, having soup and milk," he thought, as he ate the pie and drank the soup and the milk. He got up and made his

— Pidä aisasta.

Hevonen juoksi maantiellä.

Kun hevonen tuli pihalle, he riisuivat sen ja veivät talliin.

Ämpärin pohjalla oli vettä ja seimessä oli heiniä.

Pirtissä oli mustalaisakka ja mustalaistyttö.

Mitenkähän kuluisi aika. Matka ja aika kuluvat samalla kertaa. Kun juna meni eteenpäin, alkoi näkyä taloja tiheämmässä. Hän nousi ylös ja käveli vaunun käytävää pitkin. Kun hän oli lähellä ovea, junan vauhti väheni ja hän painui ovea kohti. Hän meni välikköön ja avasi ulko-oven. Maassa näkyi useita raiteita. Hän tunsi veturinsavun hajua ja näki merkkivaloja ratapihalla ja korkeita torneja, joiden päässä oli valonheittäjiä. Juna meni sillan alitse. Vauhti hiljeni hiljenemistään. Portaitten alla oli laituri. Juna pysähtyi. Hän astui maahan ja lähti juoksemaan ravintolaa kohti. Hän juoksi laituria, kiersi koppeja ja seiniä, juoksi portaita alas, sitten vasemmalle, portaita ylös, meni vasemmalle lasiovista ravintolaan ja käveli huoneen toiseen päähän tiskin eteen.

— Mitä saisi olla.

— Lihaliemi ja piirakka.

Nainen meni ovesta. Hän tuli ja toi piirakan ja lihaliemen.

— Tuleeko muuta.

— Lasi maitoa.

Nainen antoi maitolasin.

— Yhdeksänkymmentäkuusi.

Hän maksoi, nainen antoi rahasta takaisin ja hän vei lihapiirakan, lihaliemen, maitolasin, veitsen ja haarukan ja paperiliinan pöytään. Hän ryyppäsi lihalientä, pisti haarukalla piirakkaa suuhun ja ryyppäsi maitoa. On vähän liikaa, että on maitoa ja lihalientä, hän ajatteli ja söi piirakan ja joi lihaliemen ja maidon. Hän nousi ylös ja käveli ovelle pöytien väleistä. Pöydissä oli miehiä,

way between the tables to the door. There were men at the tables, with glasses of small beer and cups of coffee in front of them. When he got outside he went over the tracks and through an opening in the fence straight to the other platform, and strolled over to the train to wait for it to leave.

There were people standing on the platform or walking about. He saw some getting into the train, some returning from seeing people off, and some standing near the steps. In particular, he looked at a man standing with one foot on the steps to the carriage and the other on the ground, while he held on to the rail and looked in the direction of the newspaper kiosk. "What eyebrows," he thought, "what a way to behave! Looks defenceless. He's like me. but because I try so hard, I get on all right, but how can a man like that get on? One breathes and one's heart beats continuously. But if it stopped for a little while it wouldn't start beating again, it'd be the finish for that man. Nerves, brain, flesh and eyes all get mixed up."

There was still a trolley alongside the luggage van, and men were lifting luggage from the trolley into the van. "When that's done, the train'll leave. There's the guard. He's got a red cap—now I wonder how that feels to him?"

When the men fastened the door of the luggage van the guard waved a green lamp above his head and the train began to move. It was moving in the direction from which it had come into the station. While its speed gradually increased and it went through the railway yard, under the road bridge, and began to turn to the left, he stood in the doorway looking up. He closed the door and looked through the window. Standing by the window in the door, he saw a locomotive, coaches, an oil tank, posts, rails, wires in the air, houses, a brick-built transformer-house, and lights in street-lamps and windows.

"Should I stand here and look out as the train goes along, to see what things look like all the time? Should I go and sit in the corridor, should I look out of the window? Staying awake now and being in the corridor, it'll soon be late,

joilla oli edessään kaljapullot ja kahvikupit. Ulos tultuaan hän meni raiteitten yli ja aidassa olevasta aukosta suoraan toiselle laiturille ja käveli junan viereen odottamaan lähtöä.

Laiturilla seisoi ja käveli ihmisiä. Hän näki junaan nousijoita, palaavia saatajia ja portaitten lähellä seisojia. Hän katsoi erikoisesti miestä, joka seisoi toinen jalka vaunun portailla, toinen jalka maassa ja piti putkesta kiinni katsoen lehtikioskiin päin. Tuollaiset kulmakarvat, käyttäytyy tuolla tavoin, hän ajatteli. Suojattoman näköinen. On niin kuin minä, mutta kun minä näinkin paljon yritän, tulen toimeen, mutta miten tuollainen mies tulee toimeen. Hengittää ja sydän lyö jatkuvasti. Mutta jos pysähtyisi vähäksi aikaa, se ei enää lähtisi lyömään, se olisi tuon miehen loppu. Hermot, aivot, lihat ja silmät menevät sekaisin.

Matkatavaravaunun kohdalla oli vielä kärryjä ja miehet nostelivat tavaroita kärryiltä vaunuun. Kun tuo on selvä, lähtee juna. Tuolla on junanlähettäjä. Sillä on punainen lakki, miltähän siitä mahtaa tuntua.

Kun miehet panivat tavaravaunun ovea kiinni, junanlähettäjä heilutti vihreää lamppua päänsä yläpuolella ja juna lähti liikkeelle. Juna liikkui siihen suuntaan, jolta oli tullut asemalle. Kun vauhti hiljalleen kiihtyi ja se meni ratapihan halki, maantiesillan alitse ja alkoi kääntyä vasemmalle, hän seisoi ovella ja katsoi ylös. Hän pani oven kiinni ja katsoi ikkunan läpi. Hän seisoi ovessa olevan ikkunan kohdalla. Hän näki veturin, vaunuja, öljysäiliön, pylväitä, ratakiskoja, lankoja ilmassa, taloja, tiilisen muuntajarakennuksen ja valoja katulampuissa ja ikkunoissa.

Seisoisinko tässä ja katsoisin ulos, kun juna kulkee, miltä aina milloinkin näyttää. Lähtisinkö käytävään istumaan, katsoisinko ulos ikkunasta. Kun nyt valvoo ja on käytävässä, on pian myöhä ja sitten tulee uni helpommin. Sitten

then sleep'll come more easily. Then quite a lot of the journey will have gone by. "He looked through the window into the corridor: there were two men at the other end. On the glass there was a piece of paper on which was written "Eura". He turned and looked through the window. At the top of the door there was a knob. On the wall there was some rubber, with a metal frame round it. He went into the corridor. He strolled in the corridor, swaying when the coach swayed about, and moving with the train along the railway line. "Smell, windows, people, wooden seats," he thought, turned a seat down and sat on it and began looking out through the windows. "Yes, that's how it is—there's never been anything else, and never will be. This sort of thing's all right," he thought. He saw some houses beside the line, on a slope. He tried to look through the windows of one house into the interior. Curtains, stove, kitchen, cupboards, people living in there. The house was no longer in sight. "There's another house. Nothing to be seen: bushes and a fence in front." He waited for another house. "There's one there—now it's close. Check curtains in front of the windows—an opening between the curtains, can't see anyone in the room. There are some spruce trees near the house. House over there, a big room, a door, a window visible on one side, a woman moving about, white corner-boards, chimney, smoke, bushes. Hay on the ground, spruce over there in the wood, a road there, hay on the slope." He sat gazing out of the windows, waiting for houses near the railway line. He gazed at the various localities and trees and tried to think about them.

He remembered the partridges. A field's a piece of open ground—has snow on it in the winter and some kind of grain growing on it in the summer, or hay, and a partridge is a creature that calls in the woods. In a group of spruce trees between two marshes a partridge flew up and sat on a branch. It called quietly. Near the spruce copse was the beginning of a rather sparse heath, with pines on it and hillocks, not so high. "When I came out of school, and it

on matkasta kulunut jo aika paljon. Hän katsoi käytävään ikkunan läpi, kaksi miestä oli toisessa päässä. Lasissa oli lappu, johon oli kirjoitettu »Eura». Hän kääntyi ja katsoi ikkunan läpi. Oven ylälaidassa oli tappi. Seinässä oli kumia, jonka ympärillä oli metallikehys. Hän meni käytävään. Hän käveli käytävällä ja heilui, kun vaunu heilahteli ja liikkui junan mukana pitkin rautatietä. Tuoksu, ikkunoita, ihmisiä, istuinlautoja, hän ajatteli ja käänsi istuimen ja istui sille ja alkoi katsoa ulos lasien läpi. Kyllä se niin on, ettei koskaan muuta ole ollut eikä ikäpäivänä muuta tule. Tämä tällainen on oikeaa, hän ajatteli. Hän näki taloja radan vieressä rinteellä. Hän koetti katsoa yhden talon ikkunoista taloon sisälle. Verhot, uuni, keittiö, kaappeja, ihmiset asuvat sisällä. Taloa ei näkynyt enää. Tuossa on toinen talo. Ei näy mitään; pensaita ja aita etupuolella. Hän odotti taloa. Tuolla on, nyt se on kohdalla. Ikkunan edessä on ristiraitaiset verhot, verhojen keskellä on rako, huoneessa ei näy ketään. Kuusia on talon lähellä. Tuossa on talo, iso huone, ovi, ikkuna näkyy toisella puolella, nainen liikkuu, valkeat nurkkalaudat, piippu, savua, pensaita. Maassa heiniä, siinä on kuusia metsässä, tuossa on tie, rinteessä heiniä. Hän istui ja katsoi ulos lasien läpi odottaen lähellä rataa olevia taloja. Hän katsoi eri paikkoja ja puita ja koetti ajatella niitä.

Hän muisti peltopyyt. Pelto on aukeata maata, jossa on talvella lunta ja kesällä kasvaa jotain viljaa tai heiniä, ja pyy on eläin, se viheltää metsässä. Kahden suon välissä kuusikossa pyy lähti lentoon ja istui oksalle. Se vihelsi hiljaa. Kuusikon lähellä alkoi harvempi kangas, jolla oli

was snowing, there was a flock of partridges flying about, looking as though they were going into the field. Then we thought: what about putting a net in front of the barn door when they're in the barn?"

He looked at the curtain in front. He looked out of the window. He saw fields, forest, houses, posts, bushes, grain, ditches and grass. It was dusk outside. "Journey's shortened a good bit now," he said to himself, "and now it's so dim that you can scarcely see. Now it's time for twilight.

"It's the twilight hour in me, and what's in me is that the carriage is rattling, and outside there are trees, buildings, posts, grain, ditches and grass in the twilight on the earth, and you can't think anything or do anything."

3

Then he rose and strolled into the compartment. There was a man lying in the middle berth, and another in the bottom one. He took his jacket off and put it on the peg, put his shoes on the floor, and clambered on all fours into the top berth and switched his reading lamp on. Then he turned over and sat up. He took his pyjamas from the suitcase on the shelf beside him and put them behind his back. He unfastened his trousers, took off his tie and put it on a peg on the opposite wall. He took off his shirt, put on his pyjama jacket and hung his shirt on the peg. He moved the blanket, took off his trousers and sat on the sheet. He drew his pyjama trousers on, and laid his trousers and socks on the shelf. He wondered what he should read, took the briefcase from the shelf behind his head, took a newspaper out of it and put the briefcase away. He pulled the coverlet over him, stretched out and felt the cold sheet against his toes.

"We've done a good bit of the journey. If a bit more time passed and then I went to sleep, I should be there by morning, although I'm still so far away. And I wonder what's in this," he said to himself, opening the newspaper. "But even when seen in the theatre," he read, "what is the ballet

petäjiä eikä niin isoja mättäitä. Kun tulin koulusta ja
lunta satoi, peltopyyparvi lensi ilmassa ja näytti menevän
vainiolle. Silloin ajattelimme, että jos panisi verkon
ladonoven eteen, kun ne ovat ladossa. Hän katsoi edessä olevaa verhoa. Hän katsoi ikkunan
läpi ulos. Hän näki peltoja, metsää, taloja, pylväitä, pen-
saita, viljaa, ojia ja ruohikkoa. Ulkona oli hämärä. Matka
on jo lyhennyt aika paljon ja nyt on jo niin hämärä, ettei
tahdo nähdä, hän sanoi itsekseen. Nyt on hämärän hetki.

Hämärän hetki on minussa ja minussa on se, että vaunu
tärisee ja ulkona on puut, rakennukset, tolpat, viljaa, ojia
ja ruohikko hämärässä maassa, eikä mitään voi ajatella
eikä mitään voi tehdä.

3

Sitten hän nousi ylös ja käveli hyttiin. Keskimmäisellä
petillä makasi mies, ja toinen alimmaisella. Hän riisui
takin ja pani sen naulaan, pani kengät lattialle ja kiipesi
yläpetille kontalleen ja pani valon lukulamppuunsa. Sitten
hän kääntyi istumaan. Hän otti vieressä hyllyllä olevasta
matkalaukusta pyjaman ja pisti sen selän taakse. Hän avasi
housut, otti pois kravatin ja pani sen vastapäisellä seinällä
olevaan naulaan. Hän otti paidan pois, pani päälle
pyjaman takin ja pani paidan riippumaan naulaan. Hän
siirsi huopaa, otti housut pois ja istui lakanan päälle. Hän
pani jalkaan pyjaman housut ja asetti housut ja sukat
hyllylle. Hän mietti, mitä lukisi, otti pään takana olevalta
hyllyltä salkun, otti siitä lehden ja pani salkun pois. Hän
veti peittoa päälleen, ojentautui, ja tunsi viileän lakanan
varpaita vasten.

Matkaa on tehty jo aika pitkälti. Kunhan kuluisi vielä
aikaa ja sitten tulisi uni, olisin aamulla perillä, vaikka olen
vielä näin kaukana. Mitähän tässäkin on, hän sanoi itsek-
seen ja avasi lehden. »Mutta vielä kun se nähdään teat-
terissa, mitä on oikeastaan baletin tarkoitettu tekevän?

really expected to do? When I watched the first of these new ballets, which had been done specially for the Edinburgh Festival, it left me cold, with hardly a flicker of feeling. The 'Circle of Love', created by the Scandinavian company, was stupidity personified." He had the white paper in front of him.

He read a bit here and a bit there in the paper, thought a little, put the paper on the shelf behind his head and put out the light. It was dark in the compartment. "Where am I?" he thought. "Two men lying lower down. Coach, plywood ceiling." He touched the ceiling and wall with his hand. "This is how time passes if you think visually. Compartment, pegs on walls, water-bottle, glasses, towels, water-tap, compartments in a row on one side of the coach, corridor on the other side, wheels under coach, and coach and train go along rails. It's almost dark outside, and the wind sighing, outside is the railway. What's outside, and am I inside? I'm inside, in this compartment.

"Maybe spruce trees outside. What's a spruce? White wood inside, with annual rings in it; it's thicker at the bottom and quite thin at the top. Roots in the earth, which have peel on the outside and are white inside. In the air, bark on the outside, and branches. Needles on the branches. Needles close together. Wind's singing in the spruce. Oats. Roots in the ground, stalk in the air. Grain in the autumn. Barley. Roots, stalk, husks; the ear nods in the air."

He turned on to his side towards the wall. There was a continuous pounding as the wheels travelled along the rails. There was squeaking, and from the door came a regular clicking sound.

From the wall came the sound of thumping—he thought there was a hand or a foot knocking against the wall on the other side. "There are people lying on the other side of the wall. Just here there's someone behind the wall." He hoped sleep would come, and mused that it could not come anyhow now, because he was awake and thinking, and if he did go to sleep he would be at his destination when he

Kun katsoin ensimmäistä niistä uusista baleteista, jotka oli tehty erikoisesti Edinburghia varten, tuskin tunteen ailahdusta liikkui kylmässä sydämessäni. Rakkauden ympyrä, jonka muodosti skandinaavinen joukkue, oli itse typeryys." Hänellä oli valkea lehti edessään.

Hän luki lehteä sieltä täältä, mietti jotakin, pani lehden pään taakse hyllylle ja sammutti valon. Hytissä oli pimeä. Missä minä olen, hän ajatteli. Alempana makaa kaksi miestä. Vaunu, vanerikatto. Hän koski kädellään seinään ja kattoon. Näin kuluu aika, kun ajattelee havainnollisesti. Hytti, nauloja seinillä, vesipullo, lasit, pyyheliinat, vesihana, vaunussa hyttejä toisella puolen rivissä ja toisella puolen käytävä, pyörät vaunun alla ja vaunu ja juna kulkee rautatiekiskoja pitkin. Ulkona on melkein pimeä, ilma suhisee, ulkona on rautatie. Mitä ulkona on ja olenko minä sisällä. Minä olen sisällä tässä hytissä.

Ulkona saattaa olla kuusia. Mikä on kuusi. Sisällä valkeaa puuta, jossa on vuosirenkaita, tyvestä paksumpi ja latvasta aivan ohut. Maan sisällä juuria, joissa on kuori päällä ja jotka ovat valkeita sisältä. Ilmassa kuori päällä ja oksia. Oksissa on neulasia. Neulasia on tiheässä. Tuuli suhisee kuusessa. Kaura. Juuria maassa, korsi ilmassa. Syksyllä jyviä. Ohra. Juuret, korsi, vihneet; tähkä nuokkuu ilmassa.
Hän kääntyi kyljelleen seinään päin. Kuului yhtämittainen jyskytys, kun pyörät kulkivat kiskoilla. Kuului kitinää ja ovesta kuului tasaisesti napsahtelevaa ääntä.

Seinästä kuului jysähtävä ääni, hän ajatteli, että seinän toisella puolella kävi käsi tai jalka seinään. Seinän takana makaa ihmisiä. Tällä kohden on seinän takana joku. Hän toivoi, että uni tulisi ja hän ajatteli, ettei se voinut mitään. kään nyt tulla, sillä hän oli valveilla ja ajatteli ja jos uni tulisi, hän olisi jo perillä, kun heräisi. Mutta olen vielä niin kaukana, vaikka olenkin jo tullut pitkän matkaa, hän

awoke. "But I'm still so far away," he thought, "even though I have come a good long way. Suppose there were a hole in that wall. As this is about the middle, there may be women there.

"Women often seem to be at the other end. A woman, just sleeping. Or lying awake. Just nothing in it, even if there were a hole, anyway—but I wonder what there is there? Only it's a good thing," he thought, "that there's something of interest." With his toes he felt the heating pipe above the bunk, but it was not warm. "It's only the end of September. Snow snow snow snow snow, heaven. There may be some woodland birds—there are some about all the time. Ordinary woodland birds."

It seemed to him that time was passing slowly. "I'm now at this spot, and not a little farther on, nor at any other spot. Why is it that one can't be at more than one spot at once? The journey goes on as fast as the train travels. Now how can a human being always just somehow be— now, yesterday, tomorrow, every moment he just somehow is.

"To think, for example, of what everything began from— has there always been something in existence? If that had originated in something else, what would that something else be? Yet that must have been in existence. There's always been something in existence, but what is being always in existence? Its unthinkable that this has always been in existence, or that it originated in something else. I ought not to think at all. When I think about something that I think ought not to be thought about, then I'm thinking of something that I think ought not to be thought about.

"But time's passing slowly, and nothing ever happens at all, and it gets tiring and boring. One ought to be born every moment. And yet if, some time, I go to sleep, when I wake up, there I shall be, in quite another place."

He thought he would imagine himself to be in some sort of place where he remembered having been before. His

ajatteli. Jos tuossa seinässä olisi reikä. Kun tämä on näin keskellä, siinä saataa olla naisia.

Naisia näyttää usein olevan toisessa päässä. Nainen nukkuu vain. Tai on hereillä ja makaa. Eihän siinä mitään ole, vaikka tuossa olisi reikäkin, mutta mikähän siinä on. Hyvä vain, hän ajatteli, että on jokin kiinnostava asia. Hän koetti varpailla petin päässä olevaa lämpöputkea, mutta se ei ollut lämmin. On vasta syyskuun loppu. Lumi lumi lumi lumi lumi, taivas. Saattaa olla metsälintuja, on niitä joka hetki jossakin. Tavallisia metsälintuja.

Hänestä tuntui, että aika kului hitaasti. Minä olen nyt tällä kohdalla, en vähän etempänä, enkä millään muulla kohdalla. Mistähän se johtuu, ettei voi olla kuin yhdellä kohdalla kerrallaan. Matka kuluu niin nopeasti kuin juna kulkee. Mitenkähän se ihminen voi aina jotenkin olla, nyt, eilen, huomenna, joka hetki se on vain jotenkin.

Ajatella esimerkiksi sitä, mistä kaikki on saanut alkunsa, onko aina ollut jotain olemassa. Jos tämä olisi jostain saanut alkunsa, mikä olisi se alku, sen olisi pitänyt kuitenkin olla olemassa. Aina on ollut jotain olemassa, mutta mitä se sellainen, että aina olla olemassa. Sitä ei voi ajatella, että tämä on aina ollut olemassa, eikä sitä että se on jostain saanut alkunsa. Minun ei pitäisi ajatella ollenkaan. Kun ajattelen sellaista, mistä ajattelen, ettei sellaista pidä ajatella, niin ajattelen sellaista, mistä ajattelen ettei sellaista pidä ajatella.

Mutta aika kuluu hitaasti, eikä juuri koskaan tapahdu mitään, ja siinä väsyy ja tulee ikävä. Pitäisi joka hetki syntyä. Kun kuitenkin uni tulee joskus, ja kun herää, on aivan toisessa paikassa.

Hän ajatteli, että hän kuvittelisi olevansa jossakin sellaisessa paikassa, missä hän muisti olleensa joskus ennen.

eyes were closed, and he lay on his left side, with his face
turned towards the empty space in the compartment. "This
is an Army bed. Overhead is the ceiling, which is of grey
matchboarding. The edges of the boards are rounded.
I'm in the top bunk. I'm in the top bunk; beyond the end
of the bed there's another pair of bunks one above the other,
and over there by the other wall there are two bunks.
There's a stove in the corner, a shelf on the wall, for hel-
mets, and a door to the barrack-room corridor. In that bed
beyond it, in the lower bunk, is Valtteri Lindgren. Op-
posite, in the upper bunk, is Veikko Alaniemi, who was a
baker in civilian life, in Kemi. There are cupboards under
the window and also between the ends of the beds. At the
back, level with the pipe, the top of the cupboard. Small
square panes in the window. There are pines beyond the
window. There are men in other huts and in the whole
barracks. Soon we've got to go off somewhere."

All the same, he thought, he was in the coach compart-
ment all the time. "But suppose one happened to be some-
where else, for example back in the army. That seemed,
then, just as trying as this does now. Nothing that *is* feels
like anything at all. But what if what can't be, *were*?" He
thought that what *is* should be regarded in such a way that
if it doesn't feel like anything, then it needn't be anything.
"What if there were no thoughts? I've thought all thoughts
through to the end, and I'm freer now.

"I'm at home. There's the stove, the windows, the table,
and floor-boards. There's a spruce outside, near the corner.
Road, stones, bushes a little way off. It's dusk, but in the
morning it'll be light. The highroad and roadside ditches,
a box-factory, the school basement and a well are outside."

He noticed that the speed was decreasing. "Station
coming," he said to himself. The train stopped at last.
"Now it isn't going on," he thought, "we aren't getting any
farther. But I can imagine that when it isn't moving at all
it's going forward fast. Flying in the air over some sea or
other. Now it's going on and on, and all you can hear is

Hänen silmänsä olivat kiinni, hän makasi vasemmalla kyljellään kasvot hytin vapaaseen tilaan päin. Tämä on armeijan sänky. Tuossa päällä on katto, joka on harmaata ponttilautaa. Ponttilautojen reunat ovat pyöreät. Olen yläpetillä. Olen yläpetillä, pään takana on toinen kaksikerroksinen sänky ja tuolla toisella seinällä on kaksi sänkyä. Nurkassa on kamiina, seinällä kypärähylly ja ovi, josta pääsee parakin käytävään. Tuossa pään takana olevassa sängyssä alapetillä on Valtteri Lindgren. Tuossa vastapäätä yläpetillä on Veikko Alaniemi, joka siviilissä on ollut Kemissä leipurina. Ikkunan alla on kaappeja, samoin sänkyjen päitten välissä. Pään takana putken tasalla kaapin yläpinta. Ikkunassa pieniä neliskanttisia ruutuja. Ikkunan takana on petäjiä. Muissa kämpissä ja koko parakissa on ihmisiä. Kohta pitää lähteä johonkin.

Hän ajatteli, että hän kuitenkin oli kaiken aikaa junavaunun hytissä. Mutta jos sattuisi olla jossakin muualla, esimerkiksi siellä armeijassa. Se tuntui silloin yhtä vaikealta kuin nyt tämä tässä. Ei se tunnu miltään mikä on. Mutta kun olisi se, mikä ei voi olla. Hän ajatteli, että siihen, mikä on, on suhtauduttava niin, että kun se ei tunnu miltään, niin sen ei mitään tarvitse ollakaan. Kun ei olisi mitään ajatuksia. Olen ajatellut kaikki ajutukset loppuun, ja olen nyt vapaampi.

Olen kotona. Tuossa on uuni, ikkunat, pöytä, lattialankkuja. Ulkona nurkan lähellä on kuusi. Tie, kiviä, pensaita jonkin matkan päässä. On hämärä, mutta huomenaamulla on valoisaa. Maantie ja maantieojat, laatikkotehdas, koulun kellari ja kaivo on ulkona.

Hän huomasi, että vauhti hidastui. Tulee asema, hän sanoi itsekseen. Juna psyähtyi lopulta. Nyt se ei mene eteenpäin, matka ei kulu, hän ajatteli. Mutta voin ajatella, että kun se ei liiku ollenkaan, niin se menee eteenpäin nopeasti. Se lentää ilmassa jonkin meren yli. Nyt se menee, menee ja kuuluu vain suhinaa. Kun se menee näin kovalla

buzzing. When it goes at such a great speed we're getting along quickly, and then when it goes along the rails again it comes down and goes ahead more slowly, but as it's so late, I've come a good distance. If I could get to sleep I should soon be there, but I can't."

From outside came the sound of talking, and jingling. The train began to move. "It's going on. I can imagine that in fact it's going in the opposite direction, I'm going that way. Now it's going backwards, and what does it matter when we get there? That way's up and that way's down. But I'm imagining that downwards isn't down there at all, but over there, sideways: downwards is that way, into the wall. All right, if you like, the train's going straight down—but it's difficult to believe that. Since the earth's attraction is that way, you feel that downwards is in that direction.

"It's better when I think all things are what they are. They all have an outer surface and an inside. This is a train. That tape hangs from the ceiling. In the suitcase over there on the shelf there are books, clothes and papers, and in the briefcase there are some books, and in the bag there are three doughnuts. The ceiling of the coach is curved, and there's a shelf underneath. The coach has partitions, a body and wheels." He took a breath and felt peaceful enough to fall asleep.

"Hedge, hedge, bushes," he said to himself. He was returning along the lane to the highroad.

vauhdilla, kuluu matka nopeasti, ja kun se sitten lähtee taas ratakiskoja pitkin, se tulee maahan ja menee hitaammin eteenpäin, mutta kun on jo näin myöhä, olen jo aika pitkällä. Kun tulisi uni, niin olisin kohta melkein perillä, mutta uni ei tule. Ulkoa kuului puhetta ja kilinää. Juna lähti liikkeelle. Se menee tuonne päin. Voin ajatella, että se meneekin tuohon toiseen suuntaan, olen menossa sinne päin. Nyt se menee takaisin päin, eikä ole mitään väliä sillä, milloin pääsee perille. Tuolla on ylöspäin ja tuolla on alaspäin. Mutta minä ajattelen, että alaspäin ei olekaan tuolla alhaalla, vaan se on tuolla sivullapäin; alaspäin on tuolla seinässä päin. Juna menee vaikka suoraan alaspäin, mutta sitä on vaikea uskoa. Kun maa vetää tuonne päin, niin tuntuu, että alaspäin on sinne päin.

Näin on parempi, kun ajattelen, että kaikki ovat mitä ovat. Niillä on ulkopinta ja sisusta. Tämä on juna. Tuo nauha riippuu katosta. Matkalaukussa tuossa hyllyllä on kirjoja, vaatteita ja papereita, ja salkussa on kirjoja ja pussissa kolme munkkia. Vaunun katto on kaareva ja alla on hylly. Vaunussa on väliseinät, runko ja pyörät. Hän hengitti ja tunsi itsensä niin rauhalliseksi, että nukkuisi.

Aita, aita, pensaita, hän sanoi itsekseen. Hän palasi kujaa pitkin maantielle.

"The nature of your individual ideology," said Kauko, "can be seen in the way you talk about discussion—you say it's repetition, saying things again and again, in short a monologue. You think it isn't, for example, trying to say what one has perceived oneself and being open to the other person's views—without which no dialogue is discussion. You don't even see," he went on, "that when we try to influence someone else we are at the same time compelled to clarify our point, which is good for it, whether it impresses the other person or not. And yet discussion is one of the most important institutions in a democracy. Perhaps the most important. I think this is one of the most important realizations that have come to us since the War. It's a fundamental change."

"All I understand," said Kirsti, "is that if you're brought up to believe that everybody is of equal value, then you do find you suffer for it." She continued, "They often used to talk to us about that. You don't forget it. Not many families where children are brought up like that, and perhaps it's a mistake. It's rather like the way we were taught

Paavo Haavikko: Arkkitehti

    — Sinun yksityisen ideologiasi luonne näkyy jo siinä miten sinä puhut keskustelusta, se on sinusta toistamista, hokemista, siis yksinpuhelua. Se ei ole sinusta esimerkiksi sitä että yrittää sanoa mitä on itse oivaltanut ja on avoinna toisen käsityksille, mitä ilman mikään dialogi ei ole keskustelua. Sinä et näe edes sitä että kun yrittää vaikuttaa toiseen, siinä samalla joutuu selvittämään asiansa, se koituu sille hyväksi, vaikutti se toiseen tai ei. Ja keskustelu on sentään demokratian tärkeimpiä instituutioita. Ehkä tärkein. Luulen että tämä on tärkeimpiä oivalluksia mitä meillä on sodan jalkeen tapahtunut. Se on olennainen muutos, Kauko sanoi.

    — Minä en ymmärrä muuta kuin että, Kirsti sanoi,— jos sitä on kasvatettu niin että kaikki ihmiset ovat samanarvoisia, niin kyllä siitä saa kärsiä. Me on usein puhuttu siitä. Siitä ei pääse irti. Se on harva perhe jossa lapsia kasvatetaan niin, ja kai se sitten on erehdys. Se on vähän

that at table you wait till last, and you take the smallest piece of cake."

"That's rather a different matter," said Antero.

"But isn't it true?"

"Yes," he said, "but it's so rarely met with that it's the last remaining aristocratic notion. Not much support for that nowadays. No, but seriously, of course it's what we all say. It doesn't upset the traditions of the whole nation—people *will* make classes, they never believe anybody is equal. In the country if you talk to everybody in the same way they think you're daft. If there weren't any masters people would soon invent some—they can't get on without them."

"Yes," said Kirsti, "we've often talked about that."

"But don't get bitter," Kauko said, "to hear you people talk, nobody would believe that there was a cold civil war going on now in this country—or it's on the way—the problem is the same as in the last civil war: the housing problem, but now in an urban form, and it's just as divisive a problem that's going to cost too much, and the sufferings it'll cause will be just as great, often difficult to see, but continuing for decades."

"Yes, that's a good thing from the point of view of circles where they converse," said Antero.

"You're taking that idea too far," said Kauko, "I don't understand it."

"That's surprising," said Kirsti, "when even I, a silly little woman, can understand it."

"Those ideas that you two have are some of the ideas of the middle class which has been pushed out of power."

"You always have to pay for the best causes yourself," said Kirsti, "and it's the same here, too, but Kauko just can't understand."

"But Kirsti," said Kauko, "of course I understand you."

"Don't poke fun at me now."

"I'm not."

"I know you two think I'm a stupid little woman, but what does it matter?"

sama kuin on opetettu että pitää ottaa viimeksi ja pienin
pala kaakkua pöydässä.

— Se on vähän eri asia, sanoi Antero.

— Mutta eikö se ole totta.

— On, sanoi Antero, — mutta se on niin harvinaista että
se on vihoviimeinen aristokraattinen käsitys. Siihen ei ole
enää monella varaa. Jos on tosissaan, totta kai me kaikki
niin sanotaan. Se ei sotke yhteisen kansan pitämyksiä, se
on luokittelija, se ei usko koskaan että joku olisi samanar-
voinen. Maalla kun puhuu kaikille samalla tavalla, ne
luulee että on tyhmä. Jos ei herroja olisi ollut, niin kansa
ne keksisi heti, se ei tule toimeen ilman niitä.

— Niin, Kirsti sanoi, — me on usein puhuttu siitä.

— Älä silti katkeroidu, Kauko sanoi, — kun teitä kuun-
telee ei uskoisi että meillä on nyt käynnissä kylmä kan-
salaissota, tai se on tulossa, ongelma on sama kuin edilli-
sessäkin kansalaissodassa, asuntokysymys, mutta nyt kau-
punkilaisessa muodossa, ja se on yhtä lailla kansan kahdeksi
jakava, liian kalliiksi tuleva ongelma, ja sen kärsimykset
ovat yhtä suuret, monesti vaikeat nähdä mutta vuosikym-
meniä jatkuvia.

— Niin, se on hyvä asia noin keskusteluja omistavien
piirien kannalta, sanoi Antero.

— Sinä viet tuon idean aika pitkälle, sanoi Kauko, — mi-
nä en sitä käsitä.

— Se on ihme, Kirsti sanoi, — kun minäkin, pieni
tyhmä nainen sen käsitän.

— Nuo teidän käsityksenne on niitä vallasta syrjäytetyn
keskiluokan käsityksiä.

— Parhaista asioista saa aina itse maksaa, Kirsti sanoi,
— tässäkin, ettei Kauko tahdo ymmärtää.

— Mutta Kirsti, Kauko sanoi, — kyllä minä sinua ym-
märrän.

— Älä nyt tee pilkkaa minusta.

— En.

— Minä tiedän että te pidätte minua tyhmänä pikku
naisena, mutta mitä siitä.

"I regard you simply as a woman," Kauko said, "and there's no such thing as a stupid woman."

"I really am a very naïve person," said Kirsti, "Antero can confirm that, but . . ."

"You're saying that merely to pat yourself on the back," said Kauko.

Kirsti struck her knee and said:

"Don't interrupt!"

"The relation between a man and a woman, whatever it is, even marriage, is never in the singular—there are always two of them: the man's relation to the woman and the woman's relation to the man. It's the oldest tale in the world. If you take any great story, even the Odyssey, there are two parts to it: Ulysses and Penelope. The starting-point is that Ulysses has been away from home for ten years —all the others have returned or not returned from the journey to Troy, but he has not. He's separated from Penelope by the sea, by water. What's behind this is the story of Ulysses' impotence—that's what it means when he won't come back to Penelope. But in the story of Penelope the suitors represent the natural needs she has as a woman. When Ulysses is on Calypso's island, where some of his men are changed into swine, the allusion is to the orgies that Ulysses indulges in. But he dare not return. Penelope is the only woman for him, and when Ulysses meets Nausicaa he realizes that she is no longer for him. It's also clear when Ulysses is sailing past the islands of the Sirens: his men are deaf, or he himself is, and when he wants to go to the Sirens they row him past the islands. He goes home against his will. He's alone, his men are deaf, the sea's as blind as Homer, the sea which operates like a hexameter, every fifth foot's always a dactyl, with a spondee at the end, and the waves rise and fall in that rhythm, the ship has the hiccups like the women on the islands. Penelope's weaving, but she unravels during the night what she's woven during the day—and what does that mean?—it means that she

— Minä pidän sinua yksinkertaisesti naisena, Kauko sanoi, — ja tyhmää naista ei olekaan.

— Minä olen todella hyvin naiivi ihminen, Antero voi todistaa sen, Kirsti sanoi, — mutta . . .

— Sen sinä sanot vain itseäsi kehuaksesi, Kauko sanoi.

Kirsti löi kädellä polveaan vasten ja sanoi:

— Alä keskeytä.

— Miehen ja naisen suhde, mikä tahansa, vaikka avioliitto, ei ole koskaan yksikössä, niitä on aina kaksi, miehen suhde naiseen ja naisen suhde mieheen. Se on maailman vanhin tarina. Jos otetaan mikä tahansa suuri tarina, vaikka Odysseus, niin siinä on kaksi osaa, Odysseuksen ja Penelopen. Lähtökohta on se että Odysseus on ollut kymmenen vuotta poissa kotoa, kaikki toiset ovat jo tulleet tai jääneet tulematta Troijan retkeltä, hän ei. Meri erottaa hänet Penelopesta, vesi. On kysymyksessä kertomus Odysseuksen impotenssista, sitä tarkoittaa se ettei hän tule takaisin Penelopen luo. Penelopen tarinassa taas kosijat edustavat luonnollisia tarpeita joita hänellä on naisena. Kun Odysseus käy Kalypson saarella, missä osa hänen miehistään muuttuu sioiksi, se tarkoittaa hurjasteluja joihin Odysseus ryhtyy. Mutta hän ei uskalla palata. Penelope on ainut nainen häntä varten, ja kun Odysseus kohtaa Nausikaan, hän ymmärtää ettei tämä ole enää häntä varten. Selvä on myös se kun Odysseus purjehtii seireenien saarten ohi, hänen miehensä eli hän itse ovat kuuroja kun hän tahtoo mennä seireenien luo, he soutavat hänet saaren ohitse. Hän menee kotiin vastoin tahtoaan. Hän on yksin, miehet kuuroja, meri sokea kuin Homeros, meri joka toimii heksametrin tavoin, joka viides polvi on aina daktyyli, lopussa spondee, sen tahdissa airot nousevat ja laskevat, nikottelee laiva kuin saarten naiset. Penelope kutoo, purkaa yöllä sen minkä on päivällä kutonut, mitä se on, se on sitä että hän yöllä tekee tyhjäksi päivän, ja päivällä hän on ollut Odysseukselle uskollinen, purkaa sen yöllä. Yöllä hän on kosijoitten kanssa. Sen näkevät pal-

undoes the good she's done during the day: by day she's been faithful to Ulysses, and she goes back on that at night. At night she's with men friends. The servant girls see that. Ulysses' son knows it. Hence his hatred. He's one of the suitors. The only one Penelope won't accept. That motive's there, too. Ulysses is an old man. When he comes home he has to prove that he's as strong as the suitors, and he shoots an arrow through some axe-sockets—and those are symbols, too. Then Ulysses and his son kill the suitors. The suitors have to die, because Ulysses has now arisen, and the servant-girls who've been living with the suitors have to cleanse the banqueting hall of the blood of the suitors. They do that, amid tears. The son of Ulysses, not yet a man, who therefore hates these girls, takes some rope and hangs them like a flock of sparrows. It's a disproportionate revenge. Only the singer, the poet, can stay alive, although he's seen everything and knows everything. His job is that of a propagandist. He's done his job. The story of Ulysses is valid from another point of view, too: because in it he comes back, he rises from the dead, he goes to the underworld and returns. It's the act of a hero and a god. The model there is the bear, a founder of religions, which disappears underground every autumn, dies, then comes out every spring and rises from the dead. A flayed bear looks quite human. In Siberia it used to be a custom among the Ugrian peoples to nail its skull on to a tree. That was a god. It was an altarpiece. It had to be nailed on to the wood. When Kirsti and I were in Korkeasaari I watched some big, brown kodiak bears—there was a lovely bit of conjugal coquetry going on. They were sprawling on the ground; the female went and playfully tried to bite the male between the legs, but the male pushed her lazily away. There was an unmistakable Odyssey for you. It was just starting to snow, so that when you threw them a lump of sugar they caught it in their paws, all mixed up with snow, as they lay on their backs. It was a pretty sight.

velustytöt. Odysseuksen poika tietää sen. Siitä hänen
vihansa. Hän on yksi kosijoista. Ainoa johon Penelope ei
suostuisi. Sekin teema on mukana. Odysseus on vanha
mies. Kun hän tulee kotiin, hänen on todistettava että hän
on yhtä vahva kuin kosijat, ja hän ampuu nuolen kirveensil-
mien lävitse, symboleja nekin. Sitten Odysseus ja hänen
poikansa tappavat kosijat. Kosijoitten on kuoltava, koska
Odysseus nyt on noussut ylös, ja kosijoitten kanssa eläneit-
ten palvelustyttöjen on nyt puhdistettava pitosali kosijoitten
verestä. He tekevät tämän itkien. Odysseuksen poika joka
ei ole vielä mies, ja joka siksi vihaa näitä tyttöjä, ottaa
narua ja hirttää tytöt kuin varpusparven. Se on suhdaton
kosto. Vain laulaja, runoilija saa pitää henkensä vaikka
hän on nähnyt ja tietää kaiken. Hänen tehtävänsä on pro-
pagandistin. Hän on tehtävänsä tehnyt. Odysseuksen
tarina on pätevä myös siltä kannalta, että hän siinä palaa
takaisin, nousee kuolleista, käy manalassa ja palaa. Se on
sankarin ja jumalan työtä. Esikuvana siinä on karhu,
uskontojen perustaja, joka katoaa joka syksy maan alle,
kuolee, tulee joka kevät esille, nousee kuolleista. Nyljetty
karhu on ihan ihmisen näköinen. Siperiassa oli ugrilaisilla
kansoilla tapana naulata sen kallo puuhun. Se oli jumala.
Se oli alttaritaulu. Se oli naulattava puuhun. Kun me
Kirstin kanssa käytiin tässä Korkeasaaressa, katselin siellä
suuria, ruskeita kodiak-karhuja. Niillä oli käynnissä kaunis
aviollinen flirtti, ne kelli maassa, naaras meni ja yritti
leikillä purra urosta haarojen välistä, uros työnsi sen laiska-
sti pois. Siinä oli selvä Odysseus. Alkoi sataa lunta, niin
että kun niille heitti sokeripalan ne otti lumen seasta
selällään maaten sen tassulla kiinni. Se oli kaunis näky.

"I've dropped a screw!" shouted Kalle Niemeläinen, my friend and room-mate, at 11.15 in the morning.

Of course it wasn't one dropped screw that made him shout so. He dropped several.

The cause of the situation was the uncertain winter, which was sometimes this and sometimes that, now and then it was both and at intervals it was neither one nor the other.

If you glanced out of the window in the morning, and outside the pleasant summer rain looked as though it was going on, and you then went out dressed in spring clothes, why then there was a biting frost outside, and if you accordingly went out with two pairs of woollen socks on your feet and another round your neck, why, then it was almost haymaking weather.

"*My* health won't stand surprises like that," said Niemeläinen. "A man isn't a walrus!"

"No," I muttered, "—especially as looking at you reminds one rather of a donkey."

"Did you say something?"

Olli : Lämpömittari

— Ruuvi putosi![1] huusi ystäväni ja huonetoverini Kalle Niemeläinen klo 11–15.

Tietenkään hän ei yhden ruuvin putoamista huutanut niin kauan. Niitä putosi useampia.

Syynä tilanteeseen oli epävakainen talvi, joka oli väliin sitä ja väliin tätä, toisinaan sekä sitä että tätä ja joskus ei sitä eikä tätä.

Kun aamulla loi katseensa ulos ikkunasta ja ulkona näytti jatkuvasti vallitsevan herttainen kesäsää ja kun sitten kevätvaatteisiin pukeutuneena meni ulos, vallitsikin siellä kiljuva pakkanen, ja kun sen mukaisesti meni ulos kahdet villasukkaparit jalassa ja kolmas kaulassa, olikin miltei heinähelle.

— Ei minun terveyteni kestä tuollaisia yllätyksiä, sanoi Niemeläinen. — Ei ihminen ole mursu!

— Ei, mutisin minä, — varsinkin sinua katsellessa johtuu mieleen pikemminkin aasi.

— Sanoitko jotakin?

1. "a screw has fallen"

"I only said that we really must get a thermometer for our window."

A thermometer was obtained at once ... a couple of months later. It was fairly attractive. A glass one. There were two fastenings on it. They were of iron, or perhaps of nickel. At any rate they weren't made of gold. In addition there were four screw-holes in them for fixing it to the window. There were four screws with it.

Niemeläinen opened the window.

"If the thermometer is fastened to the window sash it'll move with the window when it's opened, and get broken against the wall," said he. "The best thing would be for you to screw the thermometer on to that piece of wood between the two halves of the window."

"Me? I can't possibly lean so far out of the window. Makes me dizzy. On the fifth floor! Impossible! I should fall out at once. That would be a frightful calamity."

"No doubt it would, if some innocent passer-by happened to be underneath. All right, I'll screw it on. Gimme the screwdriver and the screws and the gadget itself."

"Yes, it is a fair height," Niemeläinen agreed. "You'd fall if you didn't hold on tight with one hand."

He held on to the window sash with one hand and tried to hold the thermometer and screwdriver with the other. The screws he kept in his mouth.

The operation, in such conditions, was understandably very awkward. Although the window was open, perspiration poured down my back as I watched.

A moment later Niemeläinen had dropped all the screws but one into the street, and that he'd swallowed.

He sent me to buy another dozen screws. They lasted him half an hour. By then one had been driven home. He'd dropped the rest. For safety I bought a further two litres of screws.

Niemeläinen managed, between necessary pauses for swearing and grousing, to drop the hammer, the telephone

— Sitä minä vain, että kyllä meidän tosiaankin on hankittava ikkunaamme lämpömittari.

Lämpömittari hankittiin heti parin kuukauden kuluttua. Se oli jokseenkin kaunis. Lasinen. Siinä oli kaksi pidikettä. Ne olivat raudasta tai ehkä nikkelistä. Missään tapauksessa ne eivät olleet kullasta. Sitä paitsi niissä oli neljä ruuvinreikää ikkunaan kiinnittämistä varten. Mukana seurasi 4 ruuvia.

Niemeläinen avasi ikkunan.

— Jos lämpömittarin kiinnittää ikkunan puitteeseen, niin se ikkunaa avattaessa kulkee ikkunan mukana ja särkyy seinään, sanoi hän. — Paras, että ruuvaat lämpömittarin tuohon ikkunanpuoliskojen väliseen välipuuhun.

— Minäkö! En voi mitenkään kurkottautua niin pitkälle ulos ikkunasta. Pyörryttää. Kuudennessa kerroksessa! Mahdotonta! Putoaisin heti. Se olisi kamala onnettomuus.

— Epäilemättä. Siinä tapauksessa, että joku syytön ohikulkija sattuisi jäämään alle. No, kyllä minä ruuvaan. Tänne meisseli ja ruuvit ja itse hökötys!

— Tosiaankin melkoinen korkeus, totesi Niemeläinen.

— Tästä putoaa, ellei pidä lujasti kiinni toisella kädellä.

Hän piteli toisella kädellään kiinni ikkunanpuitteista ja yritti toisella pidellä lämpömittaria ja ruuvimeisseliä. Ruuveja hän piti suussaan.

Toiminta tällaisissa olosuhteissa oli ymmärrettävästi sangen hankalaa. Vaikka ikkuna oli auki, nousi selkääni hiki sitä katsellessani.

Hetken kuluttua oli Niemeläinen pudottanut kadulle kaikki ruuvit yhtä lukuun ottamatta. Sen hän oli niellyt.

Hän lähetti minut ostamaan tusinan ruuveja lisää. Ne riittivät puoleksi tunniksi. Yksi niistä oli silloin ruuvattu kiinni. Toiset pudonneet. Ostin varmuuden vuoksi ruuveja lisää 2 litraa.

Niemeläisen onnistui — otettuaan välillä tarpeelliset ma-

directory and the crown of his tooth, as well as the screws.

Finally he dropped the screwdriver as well, but by then— incredible but true—the last screw had been driven in.

Niemeläinen was so proud and swaggering now that it was painful to see, as he admired the thermometer that he'd fixed all askew.

But when he tried to close the window he blenched. It wouldn't close. The thermometer, fixed to the wooden mullion, was in the way.

"I reckon all that great fuss was a waste of time," I said. "If the window's got to be kept open we could have kept it open even without the thermometer. If the window's open day and night you can tell what the air outside's like, *inside* the room, without a thermometer."

Niemeläinen had an attack of some kind, which forced me to go out into the town suddenly.

As I walked along the street I saw that he'd begun to un- screw the thermometer again.

When I returned two hours later I didn't dare look up. Niemeläinen was probably already screwing the ther- mometer into a new position, so I might have got a screw in my eye.

My fears were groundless, however. And he hadn't dropped any screws. He'd dropped the thermometer!

naus- ja sättimispaussit—pudottaa, paitsi ruuveja, vasaran, puhelinluettelon ja stiftihampaansa.[1] Lopulta hän pudotti ruuvimeisselinkin, mutta silloin — uskomatonta mutta totta — viimeinenkin ruuvi oli tullut kiinnikierretyksi.

Niemelainen ylpeili ja kehuskeli nyt niin, että pahaa teki, ja ihaili vinosti kiinniruuvattua lämpömittaria.

Mutta hän kalpeni yrittäessään sulkea ikkunan. Ikkunaa ei voinut sulkea. Välipuuhun kiinnitetty lämpömittari oli tiellä.

— Mielestäni tämä suuri puuha oli jokseenkin turha, sanoin minä. — Jos kerran ikkuna on pidettävä avoinna, olisi sen voinut pitää avoinna ilman lämpömittariakin. Kun ikkuna on yötä päivää avoinna, voi ulkona olevan ilman laadun arvioida huoneessa ilman lämpömittaria.

Niemeläinen sai jonkinlaisen kohtauksen, joka pakotti minut äkkiä poistumaan kaupungille.

Mennessäni kadulla näin, että hän oli ryhtynyt ruuvaamaan lämpömittaria jälleen irti.

Palatessani parin tunnin kuluttua en uskaltanut katsoa ylöspäin. Niemeläinen arvattavasti jo taas ruuvasi lämpömittaria uudelle paikalle, joten olisin voinut saada ruuvin silmääni.

Pelkoni oli kuitenkin aiheeton. Ei sieltä pudonnutkaan ruuveja. Sieltä putosi lämpömittari.

1. stiftihammas = nastahammas, tekohammas, joka on nastalla kiinnitetty juureen

Kullervo Rainio:

A YOUNG MAN

Among thousands of Milky Ways
there is one ordinary Milky Way
—no bigger and no smaller than the others.

Amid the millions of stars of that Milky Way
there is one ordinary star.
And on the surface of its spinning satellite,
like dots,
curious towns . . .

From the sixth window
in the third row of windows
in the fifth building
in a little street
a young man, with earnest brow, looks into the distance.

He is discussing with his Creator,
expertly,
how this world should be put in order . . .

Kullervo Rainio:
Nuori mies

Tuhansien linnunratojen joukossa
on yksi tavallinen linnunrata
—ei suurempi eikä pienempi muita.

Sen linnunradan miljoonien tähtien keskellä
on yksi tavallinen tähti.
Ja sen kieppuvan kiertolaisen pinnalla
niin kuin pisteitä
kummallisia kaupunkeja . . .

Pienen kadun
viidennen talon
kolmannen ikkunarivin
kuudennesta ikkunasta
katselee kauas vakavaotsainen nuori mies.

Hän keskustelee Luojansa kanssa
asi antuntevasti
miten tämän maailman järjestäisi . . .

The man with the knapsack was walking along the road. The road was in the far north, and it had never been properly made. People had simply begun to drive over the sandy moors, prudently picking their way through the narrowest and driest places over breaks in the moor. Over one of these it had even been necessary to put a log causeway.

It was on a road like this that the man with the knapsack was walking. The weather was the wretchedest there is in these parts.

It is spring, with any water slushy from melted ice, with earth and trees already becoming green. This is when the Devil gets his bellows mended. From the north comes a long, numbing wind, and a vile grey sleet falls.

On both sides glimmer the slopes of distant arctic hills; depressing, barren fens are visible, and there are glimpses of the pitch-black waters of lakes and ponds. Then there came in sight, on the crest of a high hill, an old, grey farmhouse like a fortress. Men of bygone days had cultivated the ground and wrenched out stones to make a building there at a safe height to which the little frosts do not reach. Only a severe air frost reaches up there occasionally within a man's memory.

The man with the knapsack approached, and saw at the edge of the farm fields a horse—or rather a miserable, thin wreck of a horse. He guessed that it had been bringing the

Pentti Haanpää: an extract from "Karavaani"

Reppuselkäinen mies käveli tiellä. Se tie oli kaukana pohjoisessa, eikä sitä koskaan ole tekemällä tehty. Oli vain alettu ajaa pitkin hiekkaisia kankaita, viisaasti pujotellen kapeimmista ja kuivimmista paikoista kangaskatkeimien ylitse. Johonkin sellaiseen oli täytynyt asetella kapulasiltaakin.

Tällaista tietä käveli reppuselkäinen mies. Sää oli murheellisimpia mitä on olemassa tämän taivaan alla.[1]

On kevät, vedet läikkyvät sulina ja maat ja puut vihoittavat jo vihreyttä. Silloin saa piru palkeensa paikatuksi. Tulee pitkäjäykkinen tuuli pohjoisesta ja sataa ilkeätä, harmaata räntää.

Molemmin puolin häämöittävät kaukaisten vaarojen rinteet, näkyvät alakuloiset, tylyt nevat ja pilkoittavat järvien ja lampien sysimustat vedet. Sitten näkyi korkean vaaran laella vanha ja harmaa talo kuin linnoitus. Menneet miehet ovat jo muokanneet maan ja vääntäneet kivet kasaan tuolla turvallisessa korkeudessa, jonne eivät pienet hallat ylety. Joskus miesmuistiin sinne yltää vain suuri taivaallinen vilu.

Reppuselkäinen mies lähestyi ja näki talon peltojen

1. 'under this sky.'

winter logs in, with little to eat and in heavy loads, and had been driven till it reached its ruinous end. It was fastened by a rope as long as a man's arm, and the worn surface of the earth around it had been nibbled right down to the black soil.

What with the sleet blowing into the man's face as he walked north, and the whole atmosphere adapted to irritate the nerves and embitter the spirit, as soon as he saw the horse on the three-foot tether he began to curse heaven and mankind mentally for the horse's plight.

A little higher up, near the farmhouse, muck was being spread on a field by men with horses. The farm-workers watched him approach. He began:

"Couldn't that horse be given something to eat?"

"Are you some kind of horse expert, mate? If you know better than I do, get some fodder to drop out of the sky yourself for it! So far as I can see, all there is of it's on the ground. . . ."

It was the farmer talking.

"At least it could be put on a rather longer piece of rope. Now let's put that poor starved and overworked creature on a six-foot tether. . . ."

"It's my nag and my rope! And I'll use them whatever way I want!"

"That may be. But how much prison do you think it would be if that rope were cut?"

"I can't do that prison arithmetic, but if you'll count out fifteen hundred marks into my hand, you can cut the rope, or stretch it as long as you like, and feed the nag on pastries, for all I care. . . ."

The man with the knapsack did not say a word. He pulled out his purse and handed the farmer a couple of notes.

The latter at first stared in surprise and indecision, but then accepted the money.

"Well, now, the horse is yours, sir. You've got it cheap, but what's it matter? You can climb on and ride it away."

laidassa hevosen eli oikeastaan surkean laihan hevosen-raunion. Arvattavasti sillä oli ajettu talvi tukkeja, ankarin kuormin ja vähin eväin, ja ujutettu se aivan loppuun, luuskaksi. Se oli kiinnitetty sylen pituiseen nuoraan, ja kuloinen maankamara sen ympärillä oli kaluttu mustalle muralle.

Räntä löi miestä vasten naamaa, sillä hän kulki kohti pohjoista. Ja koko ilmapiiri oli omansa ärsyttämään hermoja ja saattamaan mielen katkeraksi. Kun hän siis näki tämän hevosen sylen mittaisessa liekanuorassa, nousivat hänen tajuunsa heti kiroukset sen kohtalon puolesta taivasta ja ihmisiä vastaan.

Hieman ylempänä lähellä taloa levitettiin lantaa pellolle hevosin ja miehin. Työntekijät katsoivat tulijaa. Tämä aloitti:

— Eikö tuolle hevoselle voisi antaa ruokaa?

— Oletko sinä joku hevoskonsulentti? Jos olet minua viisaampi, niin tiputa sille ruokaa taivaasta! Minun käsittääkseni sitä on vain maassa, mikä on . . .

Tämä oli isännän ääni.

— Voisi sen ainakin asettaa vähän pitempään köyteen. Pistetäänpä nyt nälällä ja työllä kiusattu luontokappale syllänmittaiseen nuoraan . . .

— Koni on minun ja köysi on minun! Ja minä elän niiden kanssa, mihin malliin haluan!

— Saattaa olla niin. Mutta paljonko luulisit siitä linnaa tulevan, jos tuo köysi katkaistaisiin?

— En tiedä sitä linnarätinkiä, mutta puolitoista tuhatta kun luet kouraan, niin katkaise tahi venytä köysi niin pitkäksi kuin haluat ja syötä konille vaikka sokerileivoksia . . .

Reppuselkäinen mies ei puhunut sanaakaan. Hän kaivoi esiin kukkaronsa ja ojensi isännälle pari seteliä.

Tämä katseli ensin ihmeissään ja epäröiden, mutta otti sitten rahat vastaan.

— No, hevonen on teidän. Halvalla saitte, mutta mitäpäs siinä. Saatte nousta selkään ja ajella edelleen.

The farmer laughed. The stranger returned to the animal he had bought and pulled out of the knapsack a *nagan*, an old Russian officers' gun. There was a bang and the horse fell. From its temple trickled a small stream of blood, and its legs quivered for a moment. The man put the gun into his knapsack and walked on again.

As he passed he said to the farm workers:

"I've lengthened the tether a bit!"

The labourers said nothing, but watched him, wide-eyed, as he walked on, until he disappeared.

Grey sleet still beat against the walker's face, and the wooded landscape looked sombre. But a kind of peace had come into his heart. He imagined that he had performed an act of mercy, a theatrical and missionary-like stroke in the wilds. The labourers on the farm standing on the solitary hill would still remember that encounter even when years had passed.

But the next morning, as he paid his dues for food and a bed in the backwoods village, and realized that his purse had become critically thin because of the events of the day before, the man with the knapsack cursed mentally. He grumbled to himself: When will you learn to see things by the roadside without getting excited? What concern of yours are people's draught animals? There are so many of them—beyond counting—and you'll never be a high priest for them. Who knows, perhaps that jade, too, would have fattened up on the summer pastures and got fit and well again for next winter's loads of logs. But now it's dead, and you're a poor man.

But then the man with the knapsack remembered that there is no more barren state of mind than regret. The past is the past, and what has happened cannot be altered even by God in heaven.

The man with the knapsack walked northward again. The sky was now clear, and the sun was shining. On the ground, scraps of the previous day's sleet could still be seen, in curious patterned shreds.

Isäntä nauroi. Outo mies palasi ostamansa eläimen luo ja kaivoi repustaan naganin, vanhan venäläisen upseeripyssyn. Kuului pamaus ja hevonen kaatui. Sen ohimosta valui pieni verisuihku, ja sen jalat värähtelivät hetken. Mies pisti aseen reppuunsa ja käveli jälleen eteenpäin. Sivuitse mennessään hän sanoi peltomiehille:

— Minä jatkoin vähän liekaköyttä!

Peltomiehet eivät puhuneet mitään, mutta he katsoivat kulkijan jälkeen rengasmaisin silmin, kunnes tämä katosi. Harmaa räntä löi yhäkin kulkijaa vasten kasvoja, ja metsäinen maisema näytti synkeältä. Mutta hän oli saanut sydämeensä eräänlaisen rauhan. Hän uskotteli tehneensä armeliaisuuden teon, teatterimaisen ja lähetyssaarnaajamaisen tempun korvessa. Yksinäisellä vaaralla seisovan talon peltomiehet muistaisivat tuon kohtauksen vielä vuosien kuluttuakin.

Mutta seuraavana aamuna, maksaessaan ruoka- ja vuodeveroaan erämaankylässä ja havaitessaan kukkaronsa eilisen päivän tapauksen vuoksi arveluttavasti ohenneen, reppumies kiroili hengessään. Hän sätti itseään: milloin te opitte lämpenemättä näkemään tienoheisia asioita . . . Mitä teille kuuluvat ihmisten vetojuhdat, joita on arvaamaton määrä ja joiden ylimmäiseksi papiksi teistä ei ole . . . Kuka tietää, jos sekin luuska olisi vielä kesäisillä laitumilla lihonut ja vöyrtynyt ensitalvisten tukkikuormien eteen? Mutta nyt se on vainaja, ja te olette köyhä mies.

Mutta sitten reppumies muisti, ettei ole mitään hedelmättömämpää sieluntilaa kuin katumus. Mennyt on mennyttä, ja tapahtunutta ei tee toiseksi taivaan Jumalakaan.

Reppuselkäinen mies käveli jälleen kohti pohjoista. Taivas oli nyt sees, ja aurinko paistoi. Maassa näkyi vielä kummallisina, kuvioisina riekaleina eilisen lumirännän rippeitä.

Elvi Sinervo:

IT IS DIFFICULT

It is difficult
in the jungle
not to bite
when jaws hold
a predator's teeth.
It is difficult
in the jungle
with the blood boiling
with a hand rising like a paw
for a crushing blow
to remember:
a civilized person does not strike another.
It is difficult
in the jungle,
with another stealing
what one thought one's own,
to remember:
here nothing is my own.

It is difficult
in the jungle
to be a civilized person.

Elvi Sinervo:
Vaikeaa

Vaikeaa on
viidakossa
olla purematta,
kun on leukaluissa
pedon hampaat.
Vaikeaa on
viidakossa
veren kuohuessa
käden kohotessa niin kuin käpälän
tuhoavaan iskuun
muistaa:
ihminen ei lyö.
Vaikeaa on
viidakossa
toisen ryöstäessä,
minkä omakseen jo luuli,
muistaa:
minun omaani ei mikään täällä.

Vaikeaa on
viidakossa
olla ihminen.

From the station a quaint, narrow-gauge railway led to the small town which had grown from a village. Compared with the grown-ups' train, terrifyingly large and panting, the little engine with its multi-coloured coaches was comfortingly reminiscent of a child's toy train. In the big train I had been anxious and tense all the time. I was afraid I would lose my suitcase or travel past my station by mistake. This fear was very real and substantial. I was therefore filled with relief when I climbed into the green toy carriage, sat down on the wooden seat decorated with neatly drilled rows of holes, placed my suitcase carefully between my feet and felt that after all the anxiety I was really beginning to get towards my destination.

This little train suited me. It was of a safe size, and when the tiny locomotive gave its piercing, shrill whistle and jerked the carriages into motion I felt positive pride in the little train. I knew the way by now, I knew where I had to get off the train and I felt well able to get to my destination.

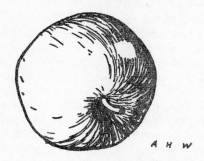

Mika Waltari: an extract from "Kuun maisema"

I

Asemalta vei hupsun kapearaiteinen rautatie kauppa-
laksi kasvaneeseen kirkonkylään. Aikaihmisten pelottavan
suuren ja puuskuttavan junan rinnalla pieni veturi eri-
värisine pikkuvaunuineen muistutti lohdullisesti lasten leik-
kijunaa. Isossa junassa olin koko ajan ollut huolissani ja
jännittynyt. Pelkäsin hukkaavani matkalaukkuni tai
ajavani vahingossa oikean aseman ohitse. Tämä pelko oli
hyvin todellinen ja tuntuva. Siksi nousin helpotuksen
vallassa vihreään leikkivaunuun, istuuduin sirosti poratu-
jen reikärivien somistamalle penkille, asetin matkalaukun
huolellisesti jalkojeni väliin ja tunsin kaiken huolen jälkeen
alkavani ratkaisevasti olla perillä.

Tämä pieni juna sopi minulle. Sen mittasuhteet olivat
turvalliset ja pikkuruisen veturin viheltäessä vihlaisevan
kimeästi ja kiskaistessa vaunut liikkeelle tunsin suoranaista
ylpeyttä pikkujunan puolesta. Tunsin jo matkan, tiesin
missä minun oli astuttava junasta ja aavistin, että löytäisin

Until now I had never once travelled this way alone. Until now I had been a mere child. Now I was all of twelve years old, I was travelling alone, and in my suitcase, between my linen, some food for the journey, and my swimming trunks, was Stevenson's *Treasure Island*, the most adventurous book I had read up to then.

The swimming trunks were just the thing to emphasize my strong feeling that I was no longer a child. Until then it had never occurred to me to wear swimming trunks when swimming. But the little town had a mixed bathing beach, and my mother had remarked that it would be best for me to wear bathing trunks there. The moment she said it, I realized it really was time for me to do that. And at the same time I had a frightening feeling of estrangement towards my mother and the whole world, just as though some protecting film had been torn off me and I had peeped, naked and cold, into new surroundings. But that first embarrassment had long since faded away, and from then on I just felt big because I had swimming trunks and my own suitcase.

Hardly three hours had passed since I had solemnly shaken my mother's hand on the station platform in Helsinki, petrified with fear that in spite of her promise she would disgrace me before strangers by kissing me goodbye. She did not do that, and the three hours that had passed had separated me from all my former life, and tossed me from the known and secure into complete isolation, in which I would have to get along unaided. This was a painful yet delightful feeling. I had changed trains at the junction without any assistance, and felt a mighty pride at my success in finding the right train without difficulty. And yet in the train, too large and too powerful in its headlong speed, the feeling of loneliness had been overwhelming. Now I was getting towards my destination, and I was managing to raise myself, just like a beetle which, after a sudden push, has pretended to be dead and has closed itself entirely to its surrounding, and cautiously raises its

hyvin perille asti. Aikaisemmin en vain koskaan ollut matkustanut yksin tätä matkaa. Aikaisemmin olin ollut vain lapsi. Nyt olin jo kaksitoistavuotias, matkustin yksin ja matkalaukussani oli alusvaatteiden, eväiden ja uimahousujen välissä Stevensonin »Aarresaari», hurjin kirja mitä siihen mennessä olin lukenut.

Uimahousut olivat omiaan korostamaan voimakasta tunnettani etten enää ollut lapsi. Siihen asti ei mieleeni koskaan ollut juolahtanut käyttää uidessa uimahousuja. Mutta kauppalassa oli yhteinen uimaranta ja äiti oli huomauttanut, että minun oli paras pitää siellä uimahousuja. Heti hänen sanottuaan sen ymmärsin, että minun tosiaan oli aika tehdä niin. Ja samassa tunsin hätkähdyttävää vierastamisen tunnetta äitiä ja koko maailmaa kohtaan ikään kuin jokin suojeleva kelmu olisi ratkennut ympäriltäni ja olisin paljaana ja palellen kurkistanut outoon ympäristöön. Mutta tämä ensihämmennys oli jo aikaa hälvennyt ja tunsin itseni enää yksinomaan tärkeäksi uimahousujen ja oman matkalaukun takia.

Oli kulunut tuskin kolme tuntia siitä, kun olin juhlallisesti puristanut äidin kättä Helsingin asemalaiturilla jäykistyneesti peläten, että hän lupauksestaan huolimatta häpäisisi minut vieraiden ihmisten nähden suutelemalla minua jäähyväisiksi. Hän ei tehnyt sitä ja kuluneet kolme tuntia olivat erottaneet minut koko aikaisemmasta elämästäni ja viskanneet minut tutusta ja turvallisesta täydelliseen yksinäisyyteen, jossa minun oli tultava toimeen omin voimin. Tämä oli karvasteleva mutta silti ihana tunne. Olin omin neuvoin vaihtanut junaa risteysasemalla ja tuntenut voimakasta ylpeyttä onnistuessani vaivatta löytämään oikean junan. Silti yksinäisyyden tunne liian suuressa, liian väkevästi eteenpäin syöksyvässä junassa oli ollut musertava. Nyt aloin olla perillä ja saatoin kohentautua aivan kuin kovakuoriainen, joka äkillisen töytäisyn saatuaan on heittäytynyt kuolleeksi ja ummistunut täydellisesti ympäristöltään, kohauttelee varovasti peitinsiipiään

wing-covers when it suspects that the danger has passed.

I leaned back unconcernedly on the seat, crossed one leg over the other and looked out of the tiny window. The carriage swayed pleasantly, the little engine gave a howl at every curve, and the pinewoods rushed past, green and reddish-brown. Then came the beginning of the little town's inhabited area, and the train stopped at the edge of a wide grassy open space. On the other side of the open space the steep shingle roof of the ancient stone church rose to a dizzy height in the air, and black jackdaws cawed around the belfry.

Here I had to alight from the train. There was no one to meet me, for my aunt was ailing and quickly became short of breath if she walked and uncle did not like to interrupt his work needlessly. I knew I should easily find the house, and I felt more mature than before as I pondered that there was no need for anyone to come to meet me. I stopped for a moment to look at the stone church, for I knew that it was something worth seeing, something that foreigners, too, made journeys to see. Its walls were yards thick, and such impossibly large stones had been built into them high up that no one now could understand how people hundreds of years before had been able to raise such enormous blocks so high and to build them into the walls. That, at least, was what my aunt used to say, and she never forgot to add that people of that period believed that the bigger the stone they brought and built into the church wall when the church was being built, the greater the sin for which they would receive forgiveness. My aunt used to say that in obvious scorn, for she was well aware that it was only through faith that a person was saved, and not at all on the merits of his deeds. Anything else was heresy, but at the end she would always sigh gently and say in a forgiving tone, thinking of the bygone days, "Poor souls!"

As I looked at the church I had a distinct feeling of aversion, because I heard vividly in my ears the booming, menacing sound of the organ, I saw in my mind's eye the

aavistellessaan vaaran menneen ohitse.

Nojauduin huolettomasti taaksepäin istuimella, kohotin polven toisen päälle ja katselin ulos pikkuruisesta ikkunasta. Vaunu heilahteli miellyttävästi, pieni veturi ulvahti jokaisessa käänteessä ja mäntymetsä vilisi vihreänä ja punaruskeana ohitse. Sitten alkoi kauppalan asutus ja juna pysähtyi laajan nurmiaukean laitaan. Aukean toisella puolella kohosi ikivanhan kivikirkon jyrkkä paanukatto huimaavan korkealle ilmaan ja mustat naakat huutelivat kellotornin ympärillä.

Tässä minun oli laskeuduttava junasta. Kukaan ei ollut minua vastassa, sillä täti oli sairaalloinen ja sai helposti hengenahdistusta kävellessään eikä setä mielellään keskeyttänyt työtään turhan takia. Tiesin helposti löytäväni talon ja tunsin itseni entistä kehittyneemmäksi ajatellessani ettei kenenkään tarvinnut olla minua vastassa. Pysähdyin tuokioksi katselemaan kivikirkkoa, sillä tiesin että se oli nähtävyys, jota ulkomaalaisetkin matkustivat katsomaan. Sen seinät olivat metrien paksuiset ja niihin oli korkealle muurattu niin mahdottoman suuria kiviä ettei kukaan enää ymmärtänyt, miten ihmiset satoja vuosia sitten olivat pystyneet kohottamaan niin valtavia järkäleitä niin korkealle ja muuraamaan ne paikoilleen. Näin ainakin tädillä oli tapana sanoa eikä hän koskaan unohtanut lisätä, että sen ajan ihmiset uskoivat saavansa sitä suuremman synnin anteeksi mitä isomman kiven he toivat ja muurasivat kirkonseinään kirkkoa rakennettaessa. Täti sanoi sen ilmeisen pilkallisesti, sillä hän tiesi hyvin että ihminen tulee vain uskon kautta autuaaksi eikä suinkaan tekojensa ansiosta. Kaikki muu oli harhaoppia, mutta lopuksi hän joka kerta huokasi kevyesti ja sanoi anteeksiantavasti menneitä aikoja tarkoittaen: »Ihmisparat.»

Katsellessani kirkkoa tunsin selvää vastahakoisuutta, sillä elävästi kuulin korvissani urkujen kumean, uhkaavan äänen, näin silmissäni seinien kirjavat kalkkimaalaukset ja

coloured frescoes on the walls, and I felt the same deadly boredom in which, in that church, I had had to spend innumerable Sundays of my childhood, without any comprehension at all of what it was all about. The same thing was awaiting me now, since I was going to spend August at my aunt's, but I steeled myself, knowing that it was now easier to bear those unavoidable hours. I now understood a certain amount and I could conjecture more for myself.

I walked along the dusty highroad through the little town, glanced into the stationer's window and discovered that next to the market-place a new stone building had been put up. The wooden houses were painted white and yellow as before, around them were spruce or hawthorn hedges and in the gardens old apple trees grew. Then the familiar house met me, and I opened the faded gate and walked carefully along the edge of the sandy path, so that my footprints should not spoil the wavy lines left in the sand by an iron rake, because aunt was very particular about them. Cautiously and noiselessly I opened the outer door, because aunt did not like noise. There was a white rug with red stripes fastened down on the immensely slippery and glistening polished lino on the floor and I was faced once more with the eternal puzzle of whether to walk on the rug or on the floor, because to leave footmarks on either was not allowed. But the familiar smell of age in the house drifted comfortingly towards me: the scents of old furniture, clean linen, baked rusks, linoleum and roasted coffee. My aunt came towards me, dispelling all problems for the moment, and held out to me her large and bony, but friendly hand.

"So you've got here," she said. "Welcome, Joel. How's your mother?"

I replied conscientiously to the questions she asked about my mother, my home and the journey. She showed me my bed, took my suitcase from my hand and put rolls and coffee before me in the kitchen. This showed that she, too, regarded me as grown-up now, because until then I had been

tunsin saman kuolettavan ikävystymisen, jonka vallassa
olin tuossa kirkossa joutunut viettämään lukemattoman
monta lapsuuteni sunnuntaituntia ymmärtämättä lainkaan
mistä oli kysymys. Sama oli minulla edessä nytkin, jos
kerran aioin viettää elokuun tädin luona, mutta karkaisin
mieleni tietäen että nuo välttämättömät tunnit oli jo hel-
pompi kestää. Ymmärsin jo jotakin ja saatoin itse ajatella
lisää.

Kävelin pitkin pölyistä maantietä kauppalan halki, vil-
kaisin paperikaupan ikkunaan, totesin että torin viereen
oli rakennettu uusi kivitalo. Puutalot olivat valkoisiksi ja
keltaisiksi maalattuja kuten ennenkin, niitä ympäröivät
kuusi- tai orapihlaja-aidat ja puutarhoissa kasvoi vanhoja
omenapuita. Sitten tuli jo tuttu talo vastaan, avasin
puutarhan haalistuneen veräjän ja kävelin varovasti pitkin
hiekkakäytävän reunaa, jotteivät jalanjälkeni olisi sotkeneet
rautaharavan jättämiä aaltoviivoja hiekassa, sillä täti oli
niistä hyvin tarkka. Varovasti ja kolinatta avasin ulko-
oven, sillä täti ei pitänyt kolinasta. Valkoinen, punarai-
tainen matto oli kiinnitetty lattian äärettömän liukkaaksi
ja kiiltäväksi hangattuun korkkimattoon ja edessäni oli
jälleen ikuinen ongelma, kävelläkö pitkin mattoa vai lattiaa,
sillä kumpiakaan ei saanut tahria jaloillaan. Mutta talon
tuttu vanhuuden tuoksu leyhähti turvallisesti minua
vastaan: vanhojen huonekalujen, puhtaiden liinavaatteiden
korppujen, korkkimattojen ja paahdetun kahvin tuoksu.
Täti tuli minua vastaan hälventäen toistaiseksi kaikki
ongelmat ja ojensi minulle ison luisevan mutta ystävällisen
kätensä.

»Johan sinä ehdit perille,» hän sanoi. »Tervetuloa, Joel.
Miten äiti voi.»

Vastasin velvollisuudentuntoisesti hänen kysymyksiinsä,
jotka koskivat äitiä, kotiani ja matkaa. Hän näytti minulle
vuoteeni, otti matkalaukun kädestäni ja tarjosi minulle
keittiössä pullaa ja kupillisen kahvia. Tämä osoitti että
hänkin piti minua jo täysikasvuisena, sillä aikaisemmin olin

given just hot water with sugar and cream while others drank coffee.

Aunt regarded me intently, her eyes friendly and twinkling in the large, bony face, her chin resting on her hand and her elbow on the table. When I had eaten four pieces of bread roll and drunk my cup of coffee she glanced at the door of the workshop and said hesitantly: "You really ought to go and say hello to your uncle."

She was obviously just as afraid as I was that I might perhaps disturb uncle in his work. So I knocked discreetly at the door, opened it and walked, with the ticking of innumerable clocks in my ears, across the infinitely clean floor to the back of the counter to greet my uncle. He let the watchmaker's loupe fall from the puckered corner of his eye, and turned on his chair to greet me. He was wearing a working jacket, but had a high, stiff collar on, with a grey silk tie. His thin grey hair was combed very smoothly back, and the crown of his head shone white through the hair. His eyebrows were like wing-shaped plumes, and bushy sidewhiskers gave him a very dignified appearance. But his cheeks and chin, in spite of age and greyness, showed something of the childlike chubbiness of the untouched. I thought that I had certainly never seen anywhere else such an awkwardly kind and diffidently friendly face as my uncle's.

All the same, I felt shy as I shook hands with him, although I suspected that he was just as shy of me. He stammered and mumbled something to himself, until I had the wit to tell him that my mother sent her kind regards. He acknowledged these gratefully, being thereby relieved of the need to find subjects for conversation, which he found very difficult. A black-haired apprentice was staring at me from another chair. After a moment he quite insolently poked out his tongue at me. This stunned me, because I felt that the atmosphere in uncle's workshop was as solemn as in a church, with the eternal ticking of clocks all around. It was at its most solemn when the clocks began, in their

saanut vain kuumaa vettä sokerin ja kerman kera muiden juodessa kahvia.

Täti katseli minua tarkkaavasti isoin luisevin kasvoin ja ystävällisesti tuikkivin silmin nojaten leukaa käteensä kyynärpää pöydällä. Syötyäni neljä pullanpalasta ja juotuani kahvikupilliseni hän vilkaisi työhuoneen oveen ja sanoi epäröiden: »Sinun pitäisi varmaan käydä tervehtimässä setää.»

Hän ilmeisesti pelkäsi yhtä paljon kuin minäkin, että kenties häiritsisin setää hänen työssään. Koputin siis varovasti oveen, avasin sen ja astuin lukemattomien kellojen raksutus korvissani työhuoneen äärettömän puhtaan lattian poikki myymäläpöydän taakse tervehtimään setää. Setä päästi kellosepänlupin putoamaan ryppyisestä silmäkulmastaan ja kääntyi istuimellaan tervehtimään minua. Hänen yllään oli työtakki, mutta kaulassa korkea kova kaulus ja siinä harmaa silkkisolmio. Harvat, harmaat hiuksensa hän oli kammannut hyvin sileästi taaksepäin ja päälaki paistoi valkoisena hiusten lävitse. Hänen kulmakarvansa olivat kuin siipimäiset töyhdöt ja tuuhea poskiparta teki hänet hyvin arvokkaan näköiseksi. Mutta hänen poskissaan ja leuassaan oli vanhuudesta ja harmaudesta huolimatta jotakin koskemattomuuden lapsenpyöreyttä. Ajattelin etten varmaan missään muualla vielä koskaan ollut nähnyt niin avuttoman kilttejä ja ujon ystävällisiä kasvoja kuin sedällä.

Silti arkailin antaessani kättä hänelle, vaikka aavistin että hän arkaili aivan yhtä paljon minua. Hän änkytti ja mutisi jotakin itsekseen, kunnes älysin kertoa äidiltä terveisiä. Hän otti terveiset kiitollisena vastaan vapautuessaan keksimästä puheenaihetta mikä oli hänelle hyvin vaikeaa. Mustatukkainen oppipoika tuijotti minuun toiselta istuimelta. Tuokion kuluttua hän aivan julkeasti näytti minulle kieltään. Tämä tyrmistytti minut, sillä sedän työhuoneessa oli mielestäni juhlallista kuin kirkossa kellojen ikuisesti raksuttaessa ympärillä. Juhlallisinta oli silloin, kun kellot erilaisin helein äänin alkoivat lyödä tunteja.

varying clear tones, to chime the hours. When one had begun, the others joined in one by one, until the sound of their notes grew to a clamour, then ceased again, leaving only the clocks that were slow to finish their remaining strokes, seeming to take fright at their own voices in the room as it fell silent for another half hour.

Uncle was shy, although of course he did not admit it himself. But now that I was grown up, my aunt made it clear to me that she often laughed at uncle behind his back. What scared him most was when women came into the shop bringing clocks for repairs. At such times he often fled into the parlour and left the apprentice to receive the clocks. But the oddest thing about it was that this shyness and extreme reserve itself made people respect him. Even the most garrulous person would restrain himself in his presence. He never uttered a word of criticism to me, yet I respected him to an uncommon degree, always fearful of disturbing him, and was always as quiet as possible in his presence.

When I returned to the kitchen on this occasion my aunt gave a sigh of relief and said: "Your uncle seems pleased you've come." She had been following the course of the greetings ceremony through the door, which was slightly ajar, and had obviously learned, over the years, some kind of secret language of signs, by which she was able to read from uncle's expressions and gestures whether he approved a thing or rejected it. Then she looked at me critically as though she did not really know where to place me. "There's still more than an hour till lunch-time," she said, "you can go and play until then."

It is unlikely that she suspected how deeply I was offended by the mere word. I, who had travelled on my own from Helsinki and had changed trains myself on the way, had anyhow long ago passed the play stage.

"I'm going for a swim," I said stiffly, and added: "I have in fact some swimming trunks."

My crushing observation made my aunt fall silent, gaz-

Jonkin aloitettua muut yhtyivät toinen toisensa jälkeen siihen, kunnes äänten sointu kasvoi pauhuksi lakaten taas, niin että vain myöhästyneiden kellojen äänet jäivät lopettamaan puuttuvat lyöntinsa kuin säikähdellen omaa ääntään taas puoleksi tunniksi vaikenevassa työhuoneessa.

Setä oli ujo, vaikka ei tietenkään itse tunnustanut sitä. Mutta näin isoksi jo tultuani täti antoi minun ymmärtää, että hän naurahteli usein sedälle selän takana. Eniten setä pelästyi, jos naisia tuli myymälään tuomaan kelloja korjattavaksi. Silloin hän usein pakeni saliin ja antoi oppipojan ottaa vastaan kellot. Mutta kummallisinta oli että juuri tämä ujous ja äärimmäinen pidättyväisyys teki hänet arvossapidetyksi. Suulainkin ihminen hillitsi itsensä hänen läsnäollessaan. Hän ei koskaan sanonut minulle moitteen sanaa, mutta silti kunnioitin tavattomasti häntä, ja pelkäsin aina häiritseväni ja olin mahdollisimman hiljaa hänen läsnäollessaan.

Palatessani sillä kertaa keittiöön täti huokasi keventyneenä ja sanoi: »Setä näkyy olevan iloinen että tulit.» Hän oli ovenraosta seurannut tervehtimismenoja ja nähtävästi vuosien kuluessa oppinut jonkinlaisen salaisen merkkikielen, jonka avulla hän sedän ilmeistä ja eleistä saatoi lukea hänen hyväksymisensä tai hylkäämisensä. Sitten täti katsoi minua arvostelevasti kuin ei olisi oikein tiennyt mihin olisi sijoittanut minut. »Päivälliseen on vielä toista tuntia,» hän huomautti. »Voit mennä leikkimään siksi aikaa.»

Hän tuskin aavisti, miten syvästi loukkaannuin pelkästä sanasta. Minä, joka olin yksin matkustanut Helsingistä asti ja vaihtanut itse junaa matkan varrella, olin toki jo aikaa sivuuttanut leikkimisasteen.

»Menen uimaan,» sanoin jäykästi. Ja lisäsin: »Minulla on kyllä uimahousut.»

Musertava huomautukseni sai tädin vaikenemaan ja

ing at me with what I thought was new respect in her expression. I set off proudly and walked, with my swimming trunks under my arm, through the little town to the sandy beach to swim.

2

Ah, boyhood!—in which life is full of meaning, when one falls asleep as soon as one goes to bed, and sleep is sound! I enjoyed life wonderfully in that old house, although everything in it was agonisingly neat and tidy and scrubbed clean, and you had to be careful all the time not to soil anything, or to move objects or chairs from their accustomed places. I soon discovered that my aunt was at her most placid when I was keeping out of her sight, and I made full use of this knowledge to my own advantage. She was of course a conscientious educator, but she had never had children of her own, and the management of a twelve-year-old boy was just as weird to her as it would have been for her to keep an explosive charge in her house. She would have liked to give me work to do, because she thought idleness the mother of all vices, but the decades had polished and accurately adjusted the tasks and customs of the house in such definite tracks that nothing was found for me to do. She did, to be sure, contrive that I should be able to rake the sandy alleys in the garden once a day, and I took pleasure in doing that every morning, with the dew glistening on the grass, and the air already full of the freshness of approaching autumn. But the wavy lines which I managed to make never entirely satisfied my aunt, and she would regard the results of my labours with her mouth tightly closed in judgment.

She also made it my job to collect from under the apple trees in the garden any green apples that had fallen, and to carry them to the neighbour's pig, which accepted them gratefully, and soon began to regard me as a friend. It was a large, placid animal, with reddish, bleary eyes which reflected astonishing playfulness, and it liked to keep on

tuijottamaan minuun mielestäni uutta arvonantoa ilmeessään. Lähdin ylpeänä ja kävelin uimahousut kainalossa kauppalan halki hiekkarantaan uimaan.

2

Oi poikaikää, jolloin elämä on täynnä sisällystä, jolloin vuoteeseen päästyä nukahtaa heti ja uni on sikeää. Viihdyin ihmeellisesti tuossa vanhassa talossa, vaikka kaikki siellä oli piinallisen siistiä ja puhtaaksi pestyä ja joka hetki piti varoa ettei vain tahrinut mitään tai siirtänyt esineitä tai tuoleja totunnaisilta paikoiltaan. Havaitsin pian että täti oli rauhallisin, milloin pysyin poissa hänen näkyvistään, ja käytin tätä tietoa täysin mitoin hyväkseni. Täti oli tietysti velvollisuudentuntoinen kasvattaja, mutta hänellä ei ollut koskaan ollut omia lapsia ja kaksitoistavuotiaan pojan käsitteleminen oli hänelle yhtä outoa kuin jos hän olisi pitänyt räjähdyspanosta talossaan. Hän olisi mielellään pannut minut työhön, sillä laiskuus oli hanen mielestään kaikkien paheiden äiti, mutta vuosikymmenet olivat hioneet ja täsmällistäneet talon työt ja tavat niin lopullisiin raiteihin ettei minulle löytynyt mitään tekemistä. Hän keksi tosin, että saatoin kerran päivässä haravoida puutarhan hiekkakäytävät, ja sen tein mielelläni joka aamu kasteen kiiltäessä nurmikossa ja ilman ollessa jo täynnä lähestyvän syksyn raikkautta. Mutta aaltoviivat, jotka sain aikaan, eivät koskaan täysin tyydyttäneet tätiä ja hän katseli työni tuloksia suu arvostelevan tiukasti ummessa.

Hän antoi myös tehtäväkseni kerätä puutarhasta omenapuiden juurelta pudonneet omenanraakileet ja viedä ne naapurin sialle, joka otti ne halukkaasti vastaan ja alkoi pian pitää minua ystävänään. Se oli iso rauhallinen eläin, jonka punertavat tihrusilmät kuvastivat yllättävää leikillisyyttä ja joka tökki mielellään kärsällään sandaalini kärkeä.

pushing the tip of my sandal with its snout. I discovered such surprisingly human traits in it that it no longer seemed right to me that it should be fed and fattened only to be slaughtered for ham some time just before Christmas. The thought saddened me, and I liked taking it all the fallen apples, because it prized them so much.

But that was as far as my aunt's inventive ability went. Whenever she saw me she heard her conscience calling, and she would gaze round her to find some work for me. But when I was out of sight her conscience was silent, so I would do my best to remain out of her sight, to avoid troubling her. I discovered that on cloudy and rainy days the bake-house was the safest place to be in, because it was used only rarely, and if my aunt peeped in to see what I was doing I could always show my arithmetic exercise book and my Swedish book to indicate that I had extensive and difficult homework problems for the summer, which had to be done before school began again. Uncle's watch-making apprentice had lent me *The Three Musketeers* in coverless and tattered volumes, and on the first few rainy days I was boundlessly happy. When I began to feel the need of additional reading matter my aunt led me into the parlour and showed me uncle's modest bookshelf. The black covers of the devotional books did not attract me, and his astronomical books were unpleasantly reminiscent of school. And aunt instinctively understood that a book of homilies was not perhaps sufficiently interesting reading matter for someone of my age. But she felt that temperance education could never be started too early, so she handed me from the bookshelf a thick volume bound in green covers, entitled *Echoes from the Rostrum*.

I accepted it with a bad grace and glanced round the parlour. Its wooden floor was scoured white, and white rugs with red stripes covered it lengthwise. The parlour furniture—a sofa, chairs and a table, ornamented with turned pegs and balls, had come from St. Petersburg, where uncle had served his apprenticeship. The seats were of red

Havaitsin siinä niin yllättävän inhimillisiä piirteitä ettei minusta enää ollut aivan oikein, että sitä vain syötettiin ja lihotettiin teurastettavaksi kinkuiksi joskus joulun kynnyksellä. Ajatus teki minut haikeaksi ja vein mielelläni sille kaikki pudonneet omenat, koska se antoi niille niin suuren arvon.

Mutta siihen päättyikin tädin keksimiskyky. Joka kerta minut nähdessään hän tunsi omantuntonsa soimaavan ja tuijotteli ympärilleen keksiäkseen minulle työtä. Mutta kun en ollut näkyvissä, vaikeni tädin omatunto. Siksi pysyttelin parhaani mukaan poissa hänen näkyvistään ollakseni vaivaamatta häntä. Pilvisinä ja sateisina päivinä havaitsin leivinhuoneen mitä suojaisimmaksi olinpaikaksi, sillä sitä käytettiin vain harvoin, ja jos täti kurkisti sisään nähdäkseen mitä puuhailin, saatoin aina näyttää laskuvihkoni ja ruotsinkirjani osoittaakseni, että minulla oli laajoja ja vaikeita kesätehtäviä, jotka oli suoritettava ennen koulun alkamista. Sedän kellosepänoppilas oli lainannut minulle kannettomina ja repaleisina niteinä »Kolme muskettisoturia» ja ensimmäiset sadepäivät olin rajattoman onnellinen. Kun aloin kaivata lisää lukemista, opasti täti minut saliin ja näytti minulle sedän vaatimatonta kirjahyllyä. Hartauskirjojen mustat kannet eivät viehättäneet minua ja sedän tähtitieteelliset teokset toivat liian ikävästi mieleen koulun. Tätikin ymmärsi vaistomaisesti ettei saarnakirja kenties ollut ikäiselleni kylliksi kiinnostavaa lukemista. Mutta raittiuskasvatusta ei hänen mielestään voinut koskaan aloittaa liian varhain. Siksi hän ojensi minulle hyllystä paksun, vihreisiin kansiin sidotun teoksen, jonka nimi oli »Kaikuja puhujalavalta».

Otin sen haluttomasti vastaan ja katselin salia. Sen puulattia oli hangattu valkoiseksi ja valkoiset punareunaiset matot peittivät pitkittäin lattiaa. Sorvatuin nappuloin ja palloin koristettu salinkalusto, sohva, tuolit ja pöytä, olivat peräisin Pietarista, jossa setä oli suorittanut oppiaikansa. Istuimet olivat punaista plyyshiä, vaikka ne

plush, although they were covered for the summer with
neat, blue-striped fabric covers. A narrow bed, with a
brown bedhead, was my uncle's regular place for the night,
although the room, in its cleanliness and soundlessness,
gave the impression of being entirely uninhabited. One
evening aunt became troubled when she discovered that I
was no longer saying my evening prayers aloud, and she
led me behind the parlour door when uncle was going to
bed. From the other side of the door I heard him saying his
evening prayers in his clear, distinct old man's voice, and
aunt thought I could do the same, if uncle did it. She said
that he used, formerly, to kneel at the side of the bed, but
that in recent years he had begun to say his prayers only
after getting into bed, lying on his back with his hands
folded on his breast. However, aunt thought, she had no
right to insist that I kneel, too, but say them aloud I must.

That had to be submitted to. And so, every evening after
reciting, as aunt had asked, my "As I lay me down to rest",
I would ask a blessing on uncle and aunt as well, and I
prayed to God to save the heathen and protect sailors on
far-off seas, because aunt felt that was important. Knowing
that aunt was listening in her room, I managed sometimes
to add to the prayer thanks for the cakes that she had baked
that day, and to say that they had been particularly good,
and she took no offence at that. On the contrary, she was
glad and willing to demonstrate that the prayers of a little
boy were heard even in the highest quarters. So when the
midday meal had been more frugal than usual I ventured
to express in my evening prayers my wishes regarding the
menu for the following day. For my aunt and uncle, being
old, ate very little, although the food was always good and
appetizing. The bread was cut in paper-thin slices, and
uncle did not have butter with the food at the dinner-table.
Fortunately my aunt was well aware that the abstemious
diet that uncle required did not suit a growing boy, and she
did her best to arrange snacks for me between whiles. She
also gave me enough money on market days to buy berries

kesäksi oli peitetty siisteillä, siniraitaisilla kangassuojuksilla. Kapea, ruskeapäätyinen vuode oli sedän vakinainen yösija, vaikka huone puhtaudessaan ja äänettömyydessään teki täysin asumattoman vaikutuksen. Jonakin iltana täti huolestui huomatessaan etten enää lukenut ääneen iltarukoustani ja vei minut salin oven taakse sedän ollessa menossa levolle. Oven takaa kuulin hänen kirkkaalla, selvällä vanhan miehen äänellä lukevan ääneen iltarukouksensa ja täti arveli että minä voisin tehdä samoin, koska setäkin teki niin. Ennen setä oli polvistunut vuoteen ääreen, kertoi täti, mutta viime vuosina hän oli alkanut lukea rukouksensa vasta päästyään vuoteeseen, maaten selällään kädet ristissä rinnan päällä. Siksi täti arveli ettei hänellä ollut oikeutta vaatia minuakaan polvistumaan iltarukoukseen, mutta ääneen minun se oli luettava.

Siihen oli alistuttava. Niinpä joka ilta, luettuani äidin vaatiman Levolle lasken, luojani, pyysin siunausta myös sedälle ja tädille ja rukoilin Jumalaa pelastamaan pakanat ja varjelemaan merimiehiä kaukaisilla merillä, sillä tämä oli tädistä tärkeätä. Tietäen että täti kuunteli omassa huoneessaan, saatoin toisinaan lisätä rukoukseen kiitoksen kakuista, joita täti oli leiponut päivällä, ja mainita että ne olivat olleet erikoisen hyviä, eikä täti pannut tätä pahakseen. Päinvastoin täti tahtoi mielellään todistaa, että pienen pojan rukoukset kuultiin korkeimmallakin taholla. Siksi päivällisen oltua tavallista niukemman rohkenin esittää iltarukouksessa toivomuksia seuraavan päivän ruokalistasta. Täti ja setä söivät näet vanhoina hyvin vähän, vaikka ruoka oli aina hyvää ja maukasta. Leipä leikattiin paperinohuiksi viipaleiksi eikä setä päivällispöydässä käyttänyt voita ruoan kanssa. Täti ymmärsi onneksi hyvin ettei sedän vaatima, pidättyväinen ruokajärjestys sopinut kasvavalle pojalle ja teki parhaansa järjestääkseen minulle välipaloja. Hän antoi myös sen verran rahaa minulle, että saatoin toripäivinä ostaa marjoja tai päärynöitä torilta ja syödä ne tilityksiä esittämättä. Joka tapauksessa iltaru-

or pears at the market and to eat them without rendering account. However, the modest wishes I expressed in my evening prayers were often fulfilled, surprisingly, and aunt was highly delighted. I felt there was something frightening in this conscious game between God, her and me, but I supposed that if God was, after all, God, then He would forgive the game and show understanding at the last judgment towards both aunt and me.

In that oddly airless house, in which time had stopped in its course a good score of years before, the thought of God occupied me more than perhaps it usually does a boy of that age. When I had read the astonishing and unforgettable work *Echoes from the Rostrum*, I tacked on to my evening prayer, without being urged, an additional plea that God would protect all drunkards, because I was now fully familiar with all the horrors and temptations of drunkenness. The book was a vast collection of observations, anecdotes and stories, some dreadful, some laughable, compiled by an excellent speaker on the abuse of alcohol. In them, husbands struck and crippled their wives, fathers flung their little daughters into the flaming fire and the galoshes of passers-by were burned and ruined by the waste liquids running from a whisky distillery. It was therefore no wonder if that new world, depicted with such juicy outspokenness, fascinated my imagination at least as powerfully as *Treasure Island* or *The Three Musketeers*.

Uncle was a sincere Christian and a man above reproach, who had solved any possible problems that life might hold by drawing aside, keeping his body and clothing clean, and avoiding all temptations. As a counterbalance to the monotonous sedentary work of a watchmaker, he took a long walk round the little town every day at the same time, whatever the weather. One day—it might have been because some feeling had slipped into him that he was perhaps neglecting me, or that I might be bored—he gave a diffident cough after the midday meal and invited me to go for a walk with him. This was such an unheard-of thing

kouksessa esittämäni vaatimattomat toivomukset täyttyivät usein yllättävästi ja täti oli riemuissaan. Minusta tässä tietoisessa leikissä Jumalan, hänen ja minun välilläni oli jotakin säikyttävää, mutta oletin että jos Jumala kerran oli Jumala, niin hän antaisi leikin anteeksi ja osoittaisi viimeisellä tuomiolla ymmärtämystä sekä tätiä että minua kohtaan.

Tuossa oudon ilmatyhjässä talossa, jossa aika oli pysähtynyt kulussaan jo parikymmentä vuotta sitten, askarrutti ajatus Jumalasta minua enemmän kuln ehkä tavallisesti sen ikäistä poikaa. Luettuani hämmästyttävän ja unohtumattoman teoksen »Kaikuja puhujalavalta» liitin kehoituksitta iltarukoukseeni myös pyynnön että Jumala varjelisi kaikkia juoppoja, sillä olin nyt täysin perillä kaikista juoppouden kauhuista ja kiusauksista. Kirja oli valtava kokoelma erinomaisen puhujan keräämiä kokemuksia, juttuja ja kaskuja alkoholin väärinkäytöstä, milloin hirvittäviä, milloin naurattavia. Siinä miehet löivät vaimonsa raajarikoiksi, isät viskasivat palavaan uuniin pienet tyttärensä ja ohikulkijan kalossit kärventyivät pilalle whiskytehtaasta vuotavassa jätevedessä. Ei siis ollut ihme, jos tuo mehevän suorasukaisesti kuvattu uusi maailma lumosi mielikuvitukseni vähintään yhtä väkevästi kuin Aarresaari tai Kolme muskettisoturia.

Setä oli vilpitön kristitty ja nuhteeton ihminen, joka oli ratkaissut elämän mahdolliset ongelmat vetäytymällä syrjään, pitämällä ruumiinsa ja vaatteensa puhtaina ja välttämällä kaikkia kiusauksia. Kellosepän yksitoikkoisen istumatyön vastapainoksi hän teki joka päivä samaan aikaan saman pitkän kävelyretken kauppalan ympäri säästä riippumatta. Kenties häneen oli hiipinyt tunne että hän ehkä laiminlöi minua tai että minulla mahdollisesti oli ikävä, sillä eräänä päivänä päivällisen jälkeen hän yskähti ujosti ja kehoitti minua tulemaan kanssaan kävelemään. Tämä oli jotakin niin ennenkuulumatonta, että

that aunt became uneasy and made me change my clothes and put shoes on instead of the customary summer sandals. Uncle himself always wore, on his walks, a spotless white summer suit, with an old Panama hat on his head, and in his hand a silver-topped walking stick.

We walked side by side along his accustomed route, first to the beach, then along a path through the woods and up the slope of the hill to the top. No doubt uncle felt just as troubled and awkward as I did, but he walked stoutly on, looking straight in front, with the gentle, childlike face and dreamy blue eyes of an old man. After we had walked for perhaps a mile and a half we came to an open space cleared in the woods, and uncle remarked: "They're opening a new electricity line up to here." He was very happy, and smiled radiantly at having discovered something to say to me. Then we saw a dead crow at the side of the path. Uncle turned it over with his walking stick, but found nothing to say about it. For my part I would have liked to examine the carcass more closely, but abstained from such an unimportant intention, because uncle did not regard the phenomenon as even worth a remark.

On the ridge he stopped beside a sandy bank which had become covered with grass, stared at it for a long time and finally said, "There used to be a shooting range here for the Russian soldiers." He glanced at me and dropped the hint: "Boys can still dig up leaden bullets here sometimes." This was the only occasion on which his tightly closed, airless world managed to brush, from a distance, the limits of my world. We completed the walk along the same route, consecrated by decades, which uncle had once marked out for himself, and from which he had never deviated since then, and as we walked I felt that we were spiritually as far from each other as if we had been living on different planets. And yet this walk was such an exciting experience to me that the memory of it, down to the details, remained in my mind years later, whereas many other more eventful, superficially more stimulating memories have vanished

täti hätääntyi ja pani minut vaihtamaan vaatteita ja ottamaan kengät jalkaani tavanmukaisten kesäsandaalien asemesta. Sedällä itsellään oli kävellessä aina yllään tahrattoman valkoinen kesäpuku, päässä vanha panamahattu ja kädessä hopeapäinen kävelykeppi.

Kävelimme rinnakkain sedän tavanmukaista reittiä ensin rantaan, sitten metsäpolkua pitkin metsän halki ja ylös rinnettä harjulle. Setä tunsi varmaan olonsa yhtä vaivaantuneeksi ja avuttomaksi kuin minäkin, mutt käveli urheasti tuijottaen eteensä vanhan miehen pehmein lapsenkasvoin ja uneksivan sinisin silmin. Käveltyämme pari kilometriä jouduimme metsään hakatun aukean kohdalle ja setä huomautti: »Tähän avataan uutta sähkölinjaa.» Hän oli hyvin iloinen ja hymyili kasvot säteillen keksittyään jotakin sanottavaa minulle. Sitten näkyi polun varrella kuollut varis. Setä käänsi sitä kävelykepillään, mutta ei keksinyt siitä mitään sanottavaa. Omasta puolestani olisin mielelläni tutkinut raatoa tarkemmin, mutta pidätyin niin arvottomasta aikeesta aikeesta, koska setä ei katsonut ilmiötä edes huomautuksen arvoiseksi.

Harjulla setä pysähtyi nurmettuneen hiekkavallin ääreen, tuijotti sitä kauan ja sanoi lopulta: »Tässä oli ennen venäläisten sotilaiden ampumarata.» Hän vilkaisi minuun ja vihjasi: »Pojat taitavat vielä joskus kaivella täältä lyijyluoteja.» Tämä oli ainoa kerta, jolloin hän osoitti, että hänen oma tiiviisti sulkeutunut, ilmatyhjä maailmansa saattoi etäältä hipaista minun maailmani rajoja. Suoritimme kävelyn loppuun samaa vuosikymmenien pyhittämää reittiä, jonka setä joskus oli itselleen viitoittanut enää myöhemmin poikkeamatta siitä, ja kävellessämme tunsin että olimme henkisesti yhtä etäällä toisistamme kuin jos olisimme eläneet eri kiertotähdissä. Silti tämä kävelyretki oli minulle niin jännittävä elämys että sen muisto säilyi yksityiskohtia myöten mielessäni myöhäisiin vuosiin asti, kun taas monet muut tapauksekkaammat, ulkonaisesti kiihdyttävämmäät muistot ovat hävinneet mielestä kaiken

from my mind and gone the way of all flesh. That walk, during which my uncle diffidently spoke perhaps a score of words to me, is wrapped in the lustre of imperishability in my memory.

Boyhood is just a series of flashes of immortality, and anything in between them that is grey, hopeless or tedious disappears and pales with the passing of time. It may be that I was enormously bored on some days, but perhaps I did not yet think of that as boredom, or considered it to be the natural state of man.

Every Sunday we went to church. Uncle put on dark clothes, and walked with slow, short steps, greatly inconvenienced, and stopped frequently so that aunt could get her breath back. Approaching the church door, he had to raise his hat at almost every step, and he did that with unassuming dignity, his round, childlike features softening into a shy, strained smile. He relaxed only when he reached his accustomed place near the pulpit, beside an enormous pillar and hidden from people's glances, bending his head and folding his hands in prayer. There remained for me two hours for looking at the frescoes and thinking my own thoughts.

I became acquainted with the holy apostles and their distinctive attributes, for incorporated with every picture was a ribbon with writing on it in archaic Gothic characters. But my gaze rested for preference on pictures in which something was happening, and of those there was no lack. Two pictures competed for first place in my mind. In one of them sooty devils with long tails were poking the fire under some worried-looking wretches, and in the other an executioner had just chopped off Saint Barbara's head, pale blood was spurting from the neck into the air in a thick jet, and a torture wheel told of the fate awaiting the body. The saint's head gazed disconcertedly from the ground at its still kneeling body.

In my thoughts there was nothing dreadful associated with these pictures, because as a twelve-year-old I was com-

katoavan tietä. Tätä kävelyretkeä, jonka kuluessa setä
ujosti lausui minulle ehkä kymmenkunta sanaa, kietoo
muistoissani katoamattomuuden loisto.

Poikaikä on vain sarja kuolemattomia välähdyksiä, joiden
välistä hukkuu ja hälvenee ajan mukana kaikki harmaa,
toivoton ja ikävä. Kenties minulla joinakin päivinä oli
suunnattoman ikävä, mutta ehkä en vielä ymmärtänyt sitä
ikäväksi, vaan pidin sitä vain ihmisen luonnollisena
olintilana. Joka sunnuntai kävimme kirkossa. Setä pukeutui tum-
miin vaatteisiin, käveli hitain, pienin askelin hyvin vai-
vaantuneena ja pysähtyi usein, jotta täti saisi vetää henkeä.
Kirkon portin luona hän joutui melkein joka askelella
kohottamaan hattuaan ja teki sen vaatimattoman arvok-
kaasti pyöreiden lapsenkasvojen sulaessa ujon vaivaantu-
neeseen hymyyn. Hän rauhoittui vasta päästessään vaki-
naiselle paikalleen lähelle saarnatuolia, mahtavan pylvään
viereen ja suojaan ihmisten katseilta, kumarsi päänsä
rukoukseen ja risti kätensä. Minulle jäi kaksi tuntia aikaa
katsella kalkkimaalauksia ja ajatella omia ajatuksiani.

Opin tuntemaan pyhät apostolit tunnusmerkkeineen,
sillä jokaiseen kuvaan liittyi nauhakirjoitus vanhanaikaisin,
goottilaisin kirjaimin. Mutta katseeni etsi mieluimmin
kuvia, joissa tapahtui jotakin, eikä niistä ollut puutetta.
Etevimpinä kilpailivat mielessäni kaksi maalausta, joista
toisessa nokiset paholaiset pitkine häntineen kohentelivat
hiilihangoilla roviota muutamien kiusaantuneen näköisten
ihmisparkojen alla. Toisessa taas pyöveli oli juuri katkais-
sut pyhän Barbaran pään, vaalea veri purskahti ilmaan
kaulan paksuisena suihkuna ja teilipyörä kertoi ruumiin
tulevasta kohtalosta. Pyhimyksen pää katsoi maasta häm-
mentyneenä yhä polvistuvaa ruumistaan.

Näihin kuviin ei ajatuksissani liittynyt mitään kammot-
tavaa, sillä kaksitoistavuotiaana olin täysin niiden ulko-

pletely without involvement in them. There was simply
something astonishing happening in them, but I had
nothing whatever to do with that happening myself, so that I
was able to regard the paintings as an exciting picture-book,
offering an interesting basis for exercising the imagination.
They had just as little to do with my own enclosed life as
the sermon which reverberated solemnly in the arches of
the church. For me, and perhaps for a great many of the
adult listeners too, that reverberation was the main thing,
and any meaning the words might have a thing of quite
secondary importance. Uncle, for his part, concentrated
on listening to the booming, starting up now and then and
stiffening his attention. Aunt, on the other hand, would
gaze with keen attention at the people in the church,
stifling an incipient yawn from time to time in the palm of
her hand. But when the service was over all three of us
would revive as we emerged from under the weight of the
centuries-old arches and from the strain of the sermon into
the bright Sunday sunlight, and would feel we were better,
as though we had become cleaner and brighter after any
misdeeds of the week. At home there was soon the pleasant
smell of strong coffee; aunt had done her baking on the
Saturday, and life was pleasant for us as we sat round the
coffee table.

Ah, those imperishable flashes! Saint Barbara's bewil-
dered head in the fresco on the church wall after the
executioner's blow; the pungent, acid flavour of a red-
streaked fallen apple, the freshness of the autumn morning
that made your lungs feel like bursting in the dewy garden;
Athos, Porthos and Aramis in the wheatmeal-scented air of
the bakehouse. But there was one flash that surpassed all
other memories, that slashed my heart on the sandy beach
in the brightest sunshine of August.

The little town's bathing beach was public. It had a long
jetty for boats, white sand and limpid water. The shore was
flanked by thick osier-beds and clumps of alder, where the
forest began, and at that time there were no cabins of any

puolella. Niissä vain tapahtui jotakin yllättävää, mutta minulla itselläni ei ollut kerta kaikkiaan mitään tekemistä tämän tapahtumisen kanssa, joten saatoin katsella kuvia kuin jännittävää kuvakirjaa, joka tarjosi mielenkiintoisen pohjan mielikuvituksen askartelulle. Oman sulkeutuneen elämäni kanssa niillä oli aivan yhtä vähän tekemistä kuin saarnalla, joka kajahteli juhlallisesti kirkon holveissa. Minusta ja kenties useista täysikasvuisistakin saarnankuulijoista tuo kajahtelu oli pääasia ja sanojen mahdollinen merkitys jotakin ihan toisarvoista. Setä puolestaan keskittyi kuuntelemaan kumahtelua silmät puoliummessa, silloin tällöin säpsähtäen terästämään tarkkaavaisuuttaan. Täti taas katseli terävää mielenkiintoa tuntien ihmisiä kirkossa ja tukahdutti silloin tällöin kämmeneensä alkavan haukotuksen. Mutta jumalanpalveluksen päätyttyä, poistuessamme vuosisataisten holvien painon alta ja saarnan puristuksesta kirkkaaseen sunnuntaipäivään, elvyimme kaikki kolme ja tunsimme olomme paremmaksi kuin olisimme puhdistuneet ja kirkastuneet viikon mahdollisista pahoista teoista. Kotona alkoi pian tuntua vahvan kahvin suloinen tuoksu, täti oli leiponut lauantaina ja kahvipöydän ääressä meidän oli hyvä olla.

Voi, noita katoamattomia välähdyksiä. Pyhän Barbaran hämmentynyt pää kirkon seinässä pyövelin iskun jälkeen. Maahan pudonneen punajuovaisen omenan kirpeän hapan maku. Aamun rintaa pakahduttava syksynraikkaus kasteenmärässä puutarhassa. Atos, Porthos ja Aramis leivinhuoneen jauhontuoksuisessa ilmassa. Mutta ennen kaikkia muita muistoja sydäntä viiltävä leimahdus hiekkarannassa elokuun kirkkaimmassa päivänpaisteessa.

Kauppalan uimaranta oli yhteinen. Siellä oli pitkä laituri veneitä varten, valkoista hiekkaa ja läpikuultavaa vettä. Rantaa reunustivat tiheät pajupensaikot ja lepiköt, joista alkoi metsä, eikä siellä vielä siihen aikaan ollut

sort for dressing. Anyone who wanted to swim would un-
dress and dress out of sight in the bushes. There was plenty
of room on the beach, several hundred yards long, and no
one bothered anyone else. I would undress, generally alone,
and only occasionally along with other boys, whom I did
not know, who had come to the beach, then put on my
bathing trunks and go swimming. I would run along the
beach, splashing in the water, or lie on the sand, build it
up in heaps with my hands, or laugh and shout with the
others. It was the most light-hearted joy in living, in which
there was no room for anything upsetting or unpleasant.

But one day, as I was returning home along the beach,
I saw beside an osier-bed in the sunshine a young girl who
had just come out of the water and was rolling off her wet
bathing costume to begin dressing. No doubt she regarded
me as just a little boy, because she did not take any trouble
to hide herself from me, but simply bared her whole white
body before my eyes. I was so badly startled and discon-
certed that I stood there, in the middle of the sands, with
my mouth open, staring at her. She began to laugh, lashed
at me with her wet bathing costume and called out: "Hey,
what are you staring at?—a big boy like you!" I went
away as fast as I could, stumbling in the soft sand and dread-
fully abashed. But my mind was dazzled by that wet, cool
image sparkling in the sunlight. A beautiful, naked girl
had smiled at me, so white, so wonderful, so embarrassingly
lovely. I lost all consciousness of my surroundings, walking
in a daze, my whole being shaken by the sight, feeling in-
stinctively that I had done something very wicked and
embarrassing in stopping to stare openly at a naked girl,
but without comprehending in the least why it was so
wicked and embarrassing.

That flash penetrated right to my heart, although I was
still a boy and my mind was as pure as a dewdrop. I was
not yet aware of desire or anguish—human sorrow was re-
mote from me, but somewhere in secret my being began to
weave a dazzling dream of nakedness, bliss, incomparable

minkäänlaisia pukeutumissuojia. Joka halusi uida, riisuutui ja pukeutui pensaiden kätkössä. Tilaa oli riittävästi monen sadan metrin pituisella rannalla eikä kukaan häirinnyt toista. Useimmiten yksin, vain joskus rantaan tulleiden vieraiden poikien seurassa riisuuduin, vedin uimahousut jalkaani ja menin uimaan. Juoksin pitkin rantaa vettä pärskytellen, loikoilin hiekassa, kasasin käsilläni hiekkaa, nauroin ja huusin muiden mukana. Se oli raikkainta elämäniloa, johon ei mahtunut mitään häiritsevää tai ikävää.

Mutta jonakin päivänä palaillessani rantaa pitkin kotiin päin näin pajupensaikon vieressä päivänpaisteessa nuoren tytön, joka juuri oli noussut vedestä ja kiersi yltään märkää uimapukua alkaakseen pukeutua. Hänen mielestään olin varmaan vain pikkupoika, sillä hän ei välittänyt piiloutua minulta, vaan paljasti ujostelematta koko valkoisen vartalonsa nähtäväkseni. Pelästyin ja hämmennyin niin pahasti, että pysähdyin suu auki keskelle hiekkaa tuijottamaan häneen. Hän alkoi nauraa, huitaisi minuun päin märällä uimapuvullaan ja huudahti: »Hyi, mitä tuijotat. Iso poika.» Menin pois niin nopeasti kuin pääsin kompastellen upottavassa hiekassa ja hirveästi häveten. Mutta mieleni oli sokaistunut tuosta päivänvälkkeisestä, vedenviileästä kuvasta. Kaunis, alaston tyttö oli hymyillyt minulle, niin valkoisena, niin ihmeellisenä, niin hävettävän ihanana. Menetin kaiken tiedon ympäristöstäni, kävelin sokaistuneena, koko olemus näyn järkyttämänä, vaistomaisesti tuntien että olin tehnyt jotakin hyvin pahaa ja hävettävää pysähtyessäni avoimesti tuijottamaan alastonta tyttöä, mutta käsittämättä lainkaan miksi se oli niin pahaa ja hävettävää.

Leimahdus upposi sydämeen asti, vaikka vielä olin vain poika ja mieleni oli kirkas kuin kastepisara. En tuntenut vielä himoa enkä tuskaa, ihmissuru oli etäinen minulle, mutta jossakin salassa alkoi olemukseni kutoa sokaisevaa unelmaa alastomuudesta, autuudesta, verrattomasta hur-

ecstasy, which was able to stir one to the depths of one's being. Outwardly I was the same as I had been, but something in me had changed, something had begun to develop in me. I wanted to forget it, I wanted to erase it from my mind, because it made me unhappy and troubled. Perhaps I did in fact forget it for a long time, but it did not disappear from within me—it was only weaving darkness round itself. Thus the two things were still just as firmly and closely connected in my mind: the wet and glistening nakedness in the sunlight and a strange darkness in a boy's mind.

On several days I watched furtively, in the grip of a bad conscience, to see whether I recognized that unknown girl's face among those who went to the bathing beach, but I never saw her again, although I can still remember her eyes, her smile, and how she laughed at me. I loved her, because she had let me see what was to me the most awesomely beautiful thing I had ever seen, and which grew more and more beautiful in my secret thoughts. But I feared her even more than I loved her, for I fancied that my aunt and uncle, and perhaps my mother, too, would have felt, had they known, that I had done something wicked and forbidden. So wicked that it was unforgivable. Even disappointed as I was, I was glad I did not see her again, although I have perhaps never since that time borne anyone a love so pure, so free of fire.

masta, joka saattoi kuohuttaa ihmisen pohjia myöten.
Ulkonaisesti olin sama kuin ennen, mutta jotakin minussa
oli muuttunut, jotakin oli alkanut kasvaa minussa. Tahdoin
unohtaa sen, tahdoin pyyhkiä sen mielestäni, sillä se teki
minut onnettomaksi ja kiusaantuneeksi. Ehkä unohdinkin
sen pitkäksi aikaa, mutta ei se hävinnyt minusta, se kutoi
vain ympärilleen pimeää. Siksi ne molemmat liittyvät yhä
vielä niin jyrkän tiiviisti toisiinsa mielessäni, päivänpai-
steinen, vedenkirkas alastomuus ja pojanmielen outo
pimeys.

Useana päivänä katselin salavihkaa, pahan omantunnon
vallassa, tunteakseni tuon vieraan tytön kasvot niiden
joukosta, jotka kävivät uimarannassa, mutta koskaan enää
en nähnyt häntä, vaikka yhä muistan hänen silmänsä,
hänen hymynsä, hänen naurunsa minulle. Rakastin häntä,
koska hän oli sallinut minun nähdä jotakin, joka minusta
oli säikähdyttävimmin kauneinta mitä vielä koskaan olin
nähnyt ja kävi yhä kauniimmaksi salaisissa ajatuksissani.
Mutta pelkäsin häntä vielä enemmän kuin rakastin, sillä
kuvittelin että tädin ja sedän ja ehkä äidinkin mielestä, jos
he olisivat tienneet, olin tehnyt jotakin pahaa ja luvatonta.
Niin pahaa ettei sitä voinut antaa anteeksi. Siksi petty-
neenäkin olin iloinen etten enää nähnyt häntä, vaikka niin
kirkkaasti, niin vailla kiihtymystä en ehkä sen jälkeen ole
milloinkaan rakastanut ketään.

It was Saturday evening, just as it had been then. And how long was it since that time? Yes, more than thirty years.

Miss Lovisa Öhman had lived in her little attic room then as she did now. Only that at that time her mother and father had still been alive, and had lived in the ground-floor rooms, but now those three rooms, together with the garden, were let to strangers. Only that *then* there had been splendid sunshine and the flowers had smelled more splendidly than ever before. *Now* she had not a single flower, and the day was cloudy and heavy.

But it was Ernst's day. Every Saturday was Ernst's day.

How long was it since that time? Yes, more than thirty years.

How the time was passing!

Then, Cousin Ernst had been a young lieutenant and she—she had been wearing a white dress, with two roses at her breast, and she had had a blue silk shawl round her neck.

Maria Jotuni : Lovisa Öhman

Oli lauantai-ilta niin kuin silloinkin. Kuinkas kauan siitä olikaan? Niin, yli kolmekymmentä vuotta.

Neiti Lovisa Öhman asui pienessä ullakkokamarissaan silloin niinkuin nytkin. Se vain, että äiti ja isä silloin vielä elivät ja asuivat alakerran huoneissa, nyt olivat ne kolme huonetta samoin kuin puutarhakin vuokratut vieraille, ja se vain, että silloin oli ihana auringonpaiste ja kukat tuoksusivat ihanammin kuin koskaan ennen. Nyt ei hänellä ollut ainoatakaan kukkaa ja päivä oli pilvinen ja raskas.

Mutta se oli Ernstin päivä. Joka lauantai oli Ernstin päivä.

Kuinka kauan siitä olikaan? Niin, yli kolmekymmentä vuotta.

Kuinka aika kuluu.

Silloin oli Ernst serkku nuori luutnantti ja hän—hänellä oli päällään valkea hame, rinnassa kaksi ruusua ja kaulassa oli hänellä sininen silkki.

They had not been poor at that time, when Father, too, had still been alive. Now she had no need to be ashamed of that in her memories. How she thanked God for that!

She remembered that day as clearly as if it had been yesterday. If they took everything else from her, they still would not take the memory of that day.

Ernst's day.

She locked her door, laid out on the table that coffee service that had been used then and which she had hidden during her illness, lest they sell it to obtain money for medicaments. She ate for preference only once a day, and drank hot water to warm herself in the autumn, to avoid the need for squandering a lot of wood in the stove, but she had not given that coffee service to anyone else.

She made coffee every Saturday. She made it in the same way as she had then, and drank it in the same low easy-chair as she had then, when the two of them had drunk coffee in her room.

And she chatted now, too, with Ernst. She was unaware that no one replied. The replies were engraved in her heart.

Ernst had been sketching in his notebook.

"Give me a page."

Ernst had torn out a page for her: on it were the two roses which had been at her breast then. How well Ernst had drawn them!

"Your own roses."

"I shall keep this."

"Shall you? And when I come, show me it, and from that I shall see that you have remembered me. Will you?"

"Yes."

She had bent her head.

But joy had flooded through her body. She had been happy. She had felt like laughing.

And then Ernst had drunk some coffee.

"Don't bite that almond, Ernst," she had exclaimed.

"Why, do you want it?"

He eivät olleet köyhiä silloin, kun isäkin vielä eli. Nyt ei hänen tarvinnut sitä muistoissaan hävetä. Kuinka hän kiitti siitä Jumalaa.

Hän muisti sen päivän niin selvään, niin kuin se eilen olisi ollut. Jos kaiken muun häneltä veivät, muistoa siitä päivästä eivät kuitenkaan.

Ernstin päivä.

Hän lukitsi ovensa, asetti pöydälle sen kahvikaluston, jota silloin oli käytetty ja jonka hän oli piilottanut sairautensa aikana, etteivät sitä möisi rohtorahoja saadakseen. Hän söi ennen vain kerran päivässä ja joi kuumaa vettä lämpimikseen syksyisin, ettei tarvinnut paljon puita uuniin tuhlata, mutta sitä kahvikalustoa ei hän vieraille antanut.

Hän laittoi kahvia joka lauantai. Laittoi samoin kuin silloin ennen ja joi sitä samassa matalassa nojatuolissa kuin silloinkin, kun he kahden hänen kamarissaan kahvia joivat.

Ja hän puheli nytkin Ernstin kanssa. Hän ei huomannut, ettei kukaan vastannut. Vastaukset olivat hänen sydämeensä uurretut.

Ernst oli piirustanut muistikirjaansa.

»Jätä minulle yksi lehti.»

Ernst repäisi hänelle yhden lehden, siinä oli kaksi ruusua, jotka silloin olivat hänen rinnassansa. Kuinka hyvin se Ernst piirsi.

»Sinun omia ruusujasi.»

»Minä säilytän tämän.»

»Säilytätkö? Ja kun minä tulen, näytä sitä minulle, siitä näen, että olet muistellut minua. Tahdotko?»

»Tahdon.»

Hän painoi päänsä alas.

Mutta ilo virtasi läpi hänen ruumiinsa. Hän oli onnellinen. Hän olisi tahtonut nauraa.

Ja sitten joi Ernst kahvia.

»Alä puraise sitä mantelia, Ernst,» huudahti hän.

»Miksi, tahdotko sinä sen?»

"No, or rather, yes, I do. It's such a fine one, Ernst."

"I'll put it into your mouth."

"No, give it to me."

"Come and take it."

Ernst had laughed and his teeth had gleamed. How they had gleamed!

She had gone to Ernst, but Ernst had held her by the hand and looked into her eyes.

She had felt a delightful languor. Ernst had felt desire—and so had she. But it was a sin, and must not be. Not until Ernst should come later on and want her for his own—not until then.

She had withdrawn her hands and pressed her face between her hands.

How she had thanked God, many times, that it had not happened, that no one had kissed her, not even Ernst, since it had just not been granted to her that Ernst should become her own.

She had not complained about that at all. It was God's will. Perhaps God wished to save her from deeper disagreements.

When Father had died, life had become so straitened that they had not had even what was most needed. They let their rooms to others, she and her mother lived in an attic room, they started to crochet, but though they did crocheting, it just would not suffice for a livelihood, or the interest on the little debt that Father left.

Then her suffering was allayed when she heard that Ernst had got engaged to someone else. Yet she would not have suited Ernst. Poor as she was, she would never have married Ernst.

And she fell ill then. Things began to tire her. Nothing pained her, and yet she became emaciated. Not a tear rolled from her eyes, and yet she felt as though her heart were always weeping.

She could not help it. She asked God's forgiveness. There was no guilt in her consciousness. She was clear on that.

»En, tahi tahdon. Se on niin kaunis, Ernst.»
»Minä pistän sen suuhusi.»
»Ei, anna se minulle.»
»Tule ottamaan.»
Ernst nauroi ja hänen hampaansa välkkyivät. Kuinka
ne välkkyivät.
Hän meni Ernstin luo, mutta Ernst piteli häntä kädestä
ja katsoi häntä silmiin.
Häntä raukaisi suloisesti. Ernst tahtoi—hänkin tahtoi.
Mutta se oli synti, eikä saanut tapahtua. Sitten vasta, kun
Ernst tuli tuonnempana ja tahtoi hänet omaksensa, sitten
vasta.
Hän veti kätensä pois, painoi käsillä kasvojansa.

Kuinka hän oli monesti kiittänyt Jumalaa, ettei se
kuitenkaan ollut tapahtunut, ettei kukaan ollut häntä
suudellut, ei Ernstkään, koska ei kerran oltu sallittu, että
Ernst tulisi hänen omaksensa.
Ei hän ollut siitä nurkunut yhtään. Jumalan tahto oli
niin. Ehkä Jumala tahtoi säästää häntä syvemmistä
ristiriidoista.
Sillä kun isä kuoli, tuli elämä niin ahtaalle, ettei heillä
ollut välttämättömintäkään. He vuokrasivat pois huoneen-
sa, asuivat äidin kanssa ullakkokamarissa, he rupesivat
virkkaamaan, virkkasivat, mutta se ei tahtonut riittää
elämiseen eikä korkorahoiksi siihen pieneen velkaan, joka
isältä vielä jäi.
Silloin helpotti hänen tuskaansa, kun hän kuuli, että
Ernst oli mennyt kihloihin toisen kanssa. Hänestä ei kuiten-
kaan Ernstille olisi ollut. Niin köyhänä ei hän ikinä olisi
Ernstille mennyt.
Ja hän sairastui silloin. Häntä rupesi väsyttämään.
Mikään ei häntä vaivannut ja kuitenkin hän kuihtui.
Kyynelkään ei vierähtänyt silmästä, ja kuitenkin tuntui
kuin sydän aina itkisi.
Hän ei tainnut sille mitään. Hän pyysi anteeksi Jumalal-
ta. Rikollinen ei hänen mielensä ollut. Hän oli selvillä

She did not complain. She asked for nothing. But she could not help thinking of Ernst always, could not help waiting for the evening and the night, to be able to think of him undisturbed.

Yes, now she had become able to think undisturbed. Because her mother, too, had soon died. Now she had been thinking. Yes, how long—more than thirty years——

Yes, yes——

How time passed!

And in the evening, when she was going to sleep and the rag pillow felt hard, reminding her of the degradation of poverty which had robbed her of the right to Ernst, she wailed aloud, as though someone had stabbed her in the back. It was so painful to her to remember that suddenly and so unprepared.

She sat up in bed, put her hands together and prayed that her thoughts should not stray into a wrong path. Had not life given her of its best? How long should human nature be humbled before it learned to understand aright?

The elderly features were compressed into severity. Then she straightened the rag pillow and sank contentedly on to the old rugs to rest.

And a smile brightened her face. She remembered that day again, Ernst's day—there was nothing unpleasant associated with it, that day had been the high peak of her happiness—and oh, how much she thanked God for it!

siitä. Ei hän nurkunut. Mitään ei hän pyytänyt. Mutta hän ei tainnut sille mitään, että hän ajatteli Ernstiä aina, että hän odotti iltaa ja yötä, saadakseen häntä rauhassa ajatella.

Niin, nyt oli hän saanut rauhassa ajatella. Aitikin kun kuoli kohta. Nyt oli hän ajatellut. Niin, kuinkas kauan — yli kolmekymmentä —

Niin, niin —

Kuinka aika kuluu.

Ja iltasilla kun hän rupesi nukkumaan ja rieputyyny tuntui kovalta muistuttaen häntä siitä köyhyyden alennuksesta, joka oli riistänyt häneltä oikeuden Ernstiin, voihkasi hän ääneen, kuin joku olisi häntä takaapäin pistänyt. Hänelle teki niin pahaa muistella sitä äkkiä ja sillä tavalla varustautumatta.

Hän kohosi vuoteelleen istumaan, risti kätensä ja rukoili, etteivät hänen ajatuksensa väärään hairahtaisi. Eikö elämä ollut antanut hänelle parastansa? Kuinka kauan sieti ihmisluontoa taltuttaa, ennen kuin se oppi oikein ymmärtämään?

Vanhat piirteet puristuivat ankaroiksi. Sitten kohenti hän rieputyynyä ja painautui tyytyväisenä vanhoille matoille lepäämään.

Ja hymy kirkasti hänen kasvonsa. Hän muisti taas sitä päivää, Ernstin päivää, siihen ei mitään ikävää liittynyt, se päivä oli hänen onnensa korkea huippu — kuinka, kuinka hän kiitti siitä Jumalaa.

The earth, in which shells had been exploding for two years, produced long, rustling sedge-hay in the summer. This is a quick grower, so it was everywhere around the trenches. Nothing that grew slowly managed to attain enough height to get started, before it was torn out of the earth in the cannon-fire. But the dry sedge succeeded in that sandy soil, in which there was as much shattered iron as splintered slices of stone.

In the zone, a kilometre wide, nobody walked or trod on the surface of the soil. Snakes hissed everywhere. They came from the rear and from no-man's-land. They stretched their heads from the rim of the battle-trench, waving them in the air. They tried to cross the trenches. Reconnoitring slowly, they would raise their slim bodies in the air cautiously, but the trench was too broad. Some would fall with a thump to the bottom of it. These had to be squashed. Some were killed every day. It was the fashion in the trenches to keep a walking-stick with the skin of a snake stretched on the handle.

"Moses, too, cast his rod on the ground, and it became a serpent."

Veijo Meri : an extract from "Ettei maa viheriöisi"

Maa, jossa kranaatit olivat räjähdelleet jo kaksi vuotta, kasvoi kesällä pitkää kahisevaa saraheinää. Se on nopeaa kasvamaan, siksi sitä oli kaikkialla kaivantojen ympärillä. Mikään hidaskasvuisempi ei ehtinyt saada alkuunkaan pituutta, kun se jo repiytyi irti maasta tykkitulessa. Mutta kuiva sara menestyi tuossa hiekkaisessa maaperässä, jossa oli repeytynyttä rautaa yhtä paljon kuin pirstoutuneita kivenviiluja.

Kilometrin levyisellä vyöhykkeellä kukaan ei kävellyt maan pinnalla eikä tallannut sitä. Käärmeitä kihisi kaikkialla. Niitä tuli takaa päin ja ei-kenenkään-maalta. Ne kurkottivat päänsä taisteluhaudan reunalta ja heiluttelivat sitä ilmassa. Ne yrittivät päästä kaivantojen yli. Hitaasti tunnustellen ne työnsivät kapeaa ruumistaan ilmaan, varovaisesti, mutta hauta oli liian leveä. Mätkähdellen niitä putoili sen pohjalle. Ne olivat painavia. Niitä tapettiin joka päivä. Oli rintamamuotia pitää kävelykeppiä, jonka päälle oli pingoitettu käärmeen nahka.

— Mooseskin heitti keppinsä maahan ja katto:[1] se oli kärme.

1. = katso.

A private who rarely spoke, and was considered simple, hit on this comparison when a stick fell from his hand on to the floor of the dugout. After that, the men in the company began to regard this private, Vihtori Lumimaa, as a cocky man. Yet he was not: he was a diffident and peaceable man, and he belonged to the oldest age-groups. He had become set in his ways while still a civilian. By now, war could not make him any different, least of all cocky.

The static war had been going on for two years. The army had established itself where it stood. All the various formations—supply and staffs and installations which, in the phase of the advance, had been on wheels as at least movable loads, following the vanguard in the prescribed order, had stopped at the same time as the vanguard and begun to discharge their loads and build huts for them. This was quickly done, because there was no lack of axemen. They had been included with particular care. For the first winter living conditions were still simple, but when the second building season—the summer—came round, building was continued. The standard of living also rose. Food improved and there was no longer any need to eat the frozen heads of cabbages which the cooks had had to go and dig out of snowdrifts with snow-shovels, and which rats had nested in. The demands made in regard to quarters grew continuously. They even began to build luxury apartments. The generals were given large and artistically designed living rooms. There was something of a wilderness lake idyll produced by the gang when they made them a fisherman's hut, and a picture of its lakeside sauna paraded in the pages of the art magazines. Nor had the dugouts been behind-hand in the development. The men were beginning to get on well in them. They began to do spare-time work and to pass the time as though at home. A community, created and peopled by men alone, had come into being and evolved in the conquered territory, a colony in the wilderness.

Harvasanainen ja yksinkertaisena pidetty sotamies keksi tällaisen vertauksen, kun keppi putosi hänen kädestään korsun lattialle. Tämän jälkeen komppaniassa alettiin pitää tätä sotamies Vihtori Lumimaata leukavana miehenä. Ei hän ollut kuitenkaan sellainen. Hän oli ujo ja hiljainen mies, joka kuului vanhimpiin ikäluokkiin. Hän oli jo siviilissä vakiintunut siksi mikä oli. Ei sota voinut hänestä enää toisenlaista tehdä, kaikkein vähiten leukavaa.

Asemasotaa oli kestänyt kaksi vuotta. Armeija oli majoittunut jalkojensa sijoille. Kaikki erilaiset muodostelmat, huolto ja esikunnat ja laitokset, jotka olivat etenemisvaiheessa olleet pyörien päällä kuin ainakin muuttokuormat ja seuranneet kärkijoukkoja määrätyssä järjestyksessä, olivat pysähtyneet samalla kuin kärkikin ja alkaneet purkaa kuormiaan ja rakentaa niille suojia. Se kävi joutuisasti, sillä kirvesmiehistä ei ollut puutetta. Kirvesmiehet oli otettu mukaan melko tarkasti. Ensimmäinen talvi asuttiin vielä yksinkertaisesti, mutta kun tuli toinen rakennuskausi, kesä, jatkettiin rakentamista. Elintasokin nousi. Ruoka parani eikä tarvinnut enää syödä jäätyneitä kaalinkeriä, joita keittiömiehet olivat saaneet käydä lumilapiolla kinoksista kaivamassa ja joihin rotat olivat tehneet pesiä. Vaatimukset asuntojen suhteen kasvoivat jatkuvasti. Alettiin rakentaa loistohuoneistojakin. Kenraalit saivat suuret ja taiteellisella maulla suunnitellut pirttinsä. Jonnekin erämaajärven idylliin käytiin porukalla tekemässä heille kalamaja, jonka rantasaunan kuva komeili taidelehtien sivuilla. Korsutkaan eivät jääneet kehityksestä jälkeen. Niissä alkoi viihtyä. Miehet rupesivat tekemään puhdetöitä ja oleskelemaan kotosalla. Yksistään miesten luoma ja asuttama yhteiskunta oli syntynyt ja kehittynyt valloitettuun maahan, siirtokunta erämaahan.

"Nisula had lice on him. There's snow on the ground now."

When the first snow fell, that was how one of the men announced it as he entered. Vihtori Lumimaa did not think of anything to say about it, which proves that he was not a big talker.

The second winter came. The snow fell continuously on the sedge-patch, which resulted in enormous drifts, hollow inside. Men began to slide about in the battle-trenches, and they started to scatter sand in them, or at least in the passage-ways. When there was thick drifting and a brisk wind the trench might be full up to the edges in the morning. They had to spend half the day with shovels to clear it.

Vihtori Lumimaa was a firm believer in the sauna. He heated up, as much as three times a week, a little sauna which lay a mile and a half behind the front line. He was seen so often on the move with his sauna whisk under his arm that they began to call him Whisk Lumimaa. He had been in the habit, during the summer, of breaking off leafy twigs and making dozens of whisks for the winter. When attempts were made to buy some from him he would not sell, because he had made them for his own use only.

"Make some from pine twigs," he said. "You should've made some yourselves. I don't switch myself twice with the same whisk."

Vihtori Lumimaa was a man who held on to his own. Others had to accept that.

The officers regarded Vihtori Lumimaa as reliable, but simple. He never answered back, because he was so slow of speech that he never had time to say anything at all. He would manage, with difficulty, to reply: "Lieutenant!" or "Captain!" When he acknowledged in this way the ranks of his superiors, nothing more could be expected of him. When he was given a job to do, he always did it slowly, but that could not be regarded as insubordination when he did it. Officers would sometimes watch his efforts suspiciously for long spells, but would drop their suspicions and go their

— Nisulassa oli täitä. On jo lumi maassa.
Kun satoi ensi lumen, joku miehistä sisään tullessaan
ilmoitti sen näin. Vihtori Lumimaa ei osannut sanoa siihen
mitään, mikä todistaa, ettei hän ollut leukava mies.

Tuli toinen talvi. Lunta sateli jatkuvasti saraheinikkoon,
johon syntyi valtavia sisältä hottoja kinoksia. Miehet
alkoivat liukastella taisteluhaudoissaan, joihin alettiin
kylvää hiekkaa, kuten ainakin jalkakäytäville. Kun
pyrytti sakeasti ja tuuli navakasti, hauta saattoi aamulla
olla reunojaan myöten täynnä. Saatiin lapioida sitä puoli
päivää tyhjäksi.

Vihtori Lumimaa oli kova saunamies. Hän lämmitti
kolmekin kertaa viikossa pienen saunan, joka oli pari
kilometriä etulinjan takana. Hänet nähtiin vihta kainalossa
niin usein liikkeellä, että häntä ruvettiin kutsumaan
Vihta-Lumimaaksi. Kesällä hän oli taitellut lehdeksiä ja
tehnyt kymmenittäin vihtoja talven varalle. Kun häneltä
yritettiin ostaa niitä, hän ei myynyt, koska oli tehnyt ne
yksistään omaan käyttöönsä.

— Tehkää männynoksista, hän opetti. — Olisitte itte[1]
tehny.[2] En mä[3] vihro[4] kahta kertaa samalla vihralla.[5]

Vihtori Lumimaa oli omastaan kiinni pitävä mies.
Muiden oli suostuttava siihen.

Upseerit pitivät Vihtori Lumimaata luotettavana, mutta
yksinkertaisena. Hän ei koskaan sanonut vastaan, sillä hän
oli niin hidaspuheinen, ettei hän ehtinyt sanoa juuri mi-
tään.—Herra luutnantti tai herra kapteeni, hän sai vaivoin
vastatuksi. Kun hän näin tunnusti esimiestensä arvovallan,
ei häneltä enempää voitu vaatiakaan. Kun hänet pantiin
tekemään työtä, hän teki sen hitaasti aina, mutta sitä ei
voinut pitää jermuiluna, kun hän sen teki. Upseerit seura-
sivat joskus epäluuloisina pitkät tovit hänen puuhiaan,
mutta pääsivät epäluuloisuudestaan ja lähtivät rauhoit-

1. = itse   2. = tehnyt   3. = minä
4. = vihdo (from vihtoa "beat with sauna whisk")
5. = vihdalla (from vihta "sauna whisk")

ways, reassured. Vihtori Lumimaa was an honest soldier, in whose conduct there was no cause for reproach.

Spring came, and all possible pumping equipment was put into running order to pump water from dugouts and battle-trenches. Fighting activity revived somewhat. Now and then the artillery became enthusiastic about shooting, so that mud flew about the low-lying land. The evenings became light, and the enemy sharpshooters began to get interested in men with their heads up. The officer in charge of the company got a bullet through his head. It hit him between the eyes one evening when he was in a listening post in the front line, on his tour of inspection.

The company got a new O.C. Every evening he gave a talk to his men on how he believed the situation would develop at the front over the twenty-four hours.

"You can take my word for it," he said, talking through his nose, "they'll come tonight."

He reinforced the man-power in the line during the evening, a group at a time. And when midnight came, the whole company was squatting out in the battle-trenches. The lieutenant himself was running from place to place giving the company encouragement.

"You can take my word for it, he'll be beaten back. He won't get through here. You can take my word for it. . . ."

When Vihtori Lumimaa was digging an additional connecting trench for the coming counter-attack the lieutenant happened to see him.

"Are you doing anything at all or just swinging the lead?"

Lumimaa misheard the last word slightly.

"Yes, sir, I'm swinging me pick-head, I'm not pretending."

"Did you say I'm pretending?" yelled the lieutenant.

"Sir . . ." said Vihtori Lumimaa reprovingly.

"You're the most insubordinate man in the world, the

tuneina omille teilleen. Vihtori Lumimaa oli kunnon sotamies, jonka esiintymisessä ei ollut moitteen sijaa.

Tuli kevät ja kaikki mahdolliset pumppuvehkeet kunnostettiin imemään vettä korsuista ja taisteluhaudoista. Taistelutoiminta vilkastui jonkin verran. Tykistö intoutui silloin tällöin ampumaan, niin että kura ryöppysi alavilla mailla. Illat muuttuivat valoisiksi ja vihollisen tarkkaampujat alkoivat kiinnostua pystypäisistä miehistä. Komppanian päällikko sai kuulan päänsä läpi. Se osui silmien väliin hänen ollessaan eräänä iltana etulinjan kuulovartiossa tarkastuskierroksellaan.

Komppania sai uuden päällikön. Joka ilta hän esitelmöi miehilleen, kuinka hän uskoi tilanteen kehittyvän rintamilla vuorokauden kuluessa.

— Sanokaa minun sanoneen,[1] tänä yönä ne tulevat, hän honotti nenäänsä.

Hän lisäsi miehitystä linjassa pitkin iltaa, ryhmällä kerrallaan. Ja kun tuli keskiyö, koko komppania kykki ulkona taisteluhaudoissa. Luutnantti itse juoksi paikasta toiseen ja rohkaisi sitä.

— Sanokaa minun sanoneen, kyllä se takaisin lyödään. Tästä se ei tule läpi. Sanokaa minun sanoneen . . .

Kun Vihtori Lumimaa oli kaivamassa ylimääräistä yhdyshautaa tulevan vastahyökkäyksen varalle, luutnantti sattui näkemään hänet.

— Teettekö te mitään ylipäänsä vai teeskelettekö te?[2]

Lumimaa kuuli viimeisen sanan hieman väärin.

— Herra luutnantti, mä teen enkä teeskentele.

— Väitättekö te, että minä teeskentelen! luutnantti hihkaisi.

— Herra luutnantti . . . Vihtori Lumimaa sanoi moittivasti.

— Te olette pahin jermu koko maailmassa, tämän

1. "say I said" — roughly "remember I told you".
2. The English translation is modified in this exchange, for the sake of consistency. Teeskelettekö: "are you working slowly, playing at it?"; teeskennella "pretend".

worst around here, but I'll teach you to be insubordinate. Do you want me to show you? Yes?—or no?"

"Yessir!"

"Clear off! Take the spade away!" the lieutenant began to shout, but then he took the spade in his hand and began digging himself. He was soon throwing sand on to the other diggers and causing ill-feeling and resentment. Vihtori Lumimaa went and lay down in the dugout.

The lieutenant tried one night to lead his company into a counter-attack, although the enemy had not sent a single man into the forward terrain. After this he was transferred to a training centre on the western coast, where he could carry out counter-attacks and assaults to his heart's content.

The company got another O.C., to whom Vihtori Lumimaa's appearance was not repugnant. He could now come and join the others instead of lying in the dugout. He rubbed the sleep from his eyes and saw that there were already leaves on the birch trees. So his first task was to make a new whisk.

The men were bored when they got on to double guard duty with Vihtori Lumimaa. With him it was impossible to converse about anything. He was single and without experience. If there was talk about women he would listen carefully and then begin to enquire about the details with painfully minute attention.

"Was it a barn?"

"Was it a hay-barn?"

"Was it full of hay?"

"No, it wasn't Midsummer Day. You've remembered it wrong."

When the young chap called Nisula got on to guard duty with Lumimaa he tried unsuccessfully to tempt him into something active. Lumimaa stood the whole time on the upper level, and watching the forward terrain, as he had been ordered. He certainly did observe precisely what went on there, because at short intervals he reported what he had noticed.

ilmankannen alla, mutta kyllä minä opetan teidät jermuile-
maan. Opetanko? Kyllä vai ei.
— Kyllä, herra luutnantti.
— Menkää pois! Viekää lapio pois! Luutnantti alkoi
hihkua. Sitten hän otti kuitenkin lapion käteensä ja alkoi
itse kaivaa. Hän heitteli hiekan toisten kaivajien päälle ja
herätti paheksuntaa ja närkästystä. Vihtori Lumimaa meni
korsuun maata.

Luutnantti yritti eräänä yönä viedä komppaniansa
vastahyökkäykseen, vaikka vihollinen ei ollut lähettänyt
yhtään miestä etumaastoon. Sen jälkeen hänet siirrettiin
koulutuskeskukseen länsirannikolle, missä hän sai tehdä
vastahyökkäyksiä ja rynnäkköjä mielensä mukaan.

Komppania sai uuden päällikön, jolle Vihtori Lumi-
maan ulkonäkö ei ollut vastenmielinen. Tämä saattoi nyt
tulla toisten joukkoon korsusta makaamasta. Hän hieroi
unet silmistään ja näki, että koivuihin oli kasvanut jo lehdet.
Siksi hän meni ensi töikseen taittamaan uuden vihdan.

Miehet ikävystyivät joutuessaan Vihtori Lumimaan
kanssa parivartioon. Hänen kanssaan ei voinut keskustella
mistään. Hän oli naimaton ja vailla kokemuksia. Jos
jutteli naisista, hän kuunteli tarkasti ja rupesi sitten kysele-
mään yksityiskohtia piinallisen tarkasti.

— Oliko se lato?
— Oliko se heinälato?
— Oliko se täynnä heiniä?
— Ei se sitten juhannus ollut. Muistat väärin.

Kun Nisula-niminen nuori sällimies joutui Lumimaan
kanssa vartioon, hän koetti menestyksettä houkutella tätä
aktiiviseen toimintaan. Lumimaa seisoi koko ajan ylätasa-
santeella ja päätään kääntelemättä tarkkaili etumaastoa,
kuten oli käsketty. Kyllä hän tarkkaan huomioi, mitä
siellä tapahtui, sillä vähän väliä hän ilmoitti, mitä havaitsi.

"Somebody coughing."

"A dog barking."

"It's starting to rain."

"The sky's clouding over."

Nisula was sitting on the floor of the dugout, with his gun pointing towards the sky, shooting as much as he could during the two hours. He always had a load of cartridges with him.

"That'll do some good. Now they'll get it."

"You overshoot," said Lumimaa.

"No, look, these are wild shots. They go for miles behind the lines. They're wicked—the shot can't be heard at all, but the bullets fall straight out of the sky, you can hear it right through the forest. One or another's bound to hit something. Have a go yourself in between whiles. I'll stay on guard."

"Don't want to," said Lumimaa without turning his head.

— Joku yskii.
— Koira haukkuu.
— Rupeaa satamaan vettä.
— Taivas menee pilveen.

Nisula istui haudan pohjalla kivääri kohti taivasta ja ampui minkä kerkisi kahden tunnin aikana. Hän toi aina mukanaan kantamuksellisen patruunoita.

— Tämä hyvää tekee. Nyt saavat.
— Ammuit yli, Lumimaa väitti.
— Ei, kattos[1] nää[2] on hajaluotia. Nää lentää monta kilometriä linjojen taa. Nää on ilkeitä. Ei yhtään kuule laukausta, mutta luoteja sataa taivaan täydeltä, että mettä[3] roikaa. Kyllä aina joku osuu. Ammu sinä välillä. Minä vahtaan.

— En mä viitti, Lumimaa sanoi päätään kääntämättä.

1. = katsos   2. = nämä   3. = metsä

Uuno Kailas:

SONG OF JOY

And look: one day, when
life was getting very difficult for me,
I opened an old Bible.
Life was very difficult for me.

And those yellow pages told
a story that endures from age to age.
Those great letters were a light;
they shine from age to age.

For three saintly men
had been thrown into the furnace to burn.
And they sang their song of joy,
those three saintly men.

Through the fire they walked, victorious,
and the flame did not touch them.
They sang their song of joy,
and the flame did not touch them.

I had read a few sentences, when
I became very blissful.
I closed that old Bible.
Life was very blissful for me.

Uuno Kailas:
Riemulaulu

Ja katso, eräänä päivänä, kun
minun tuli niin vaikea olla,
minä avasin vanhan raamatun.
Minun oli niin vaikea olla.

Ja ne kertoivat lehdet keltaiset
tarun, säilyvän ajasta aikaan.
Oli tulta ne suuret kirjaimet,
ne loistavat ajasta aikaan.

Sillä pätsiin pantu palamaan
oli kolme pyhää miestä.
Ja ne lauloivat riemulauluaan,
ne kolme pyhää miestä.

Tulen halki he kävivät, voittajat,
ei kajonnut liekki heihin.
He riemulaulua lauloivat,
eikä liekki kajonnut heihin.

Olin lukenut muutaman lauseen, kun
minun tuli niin autuas olla.
Minä suljin sen vanhan raamatun.
Minun oli niin autuas olla.

Now the spring begins to come in real earnest: there is hardly any snow left anywhere except in deep clefts and holes in rocks. Then, it is true, for a couple of days a bitter north wind blows over the whole land, the weather grows raw and grey again, but when it has finished its task it gets lighter and brighter again, and the forest, too, has dried out enough to make it quite fit for taking a walk in. It's cool there, quiet and peaceful. One day the ice has gone from the sea, on the beaches only thin, grey streaks can be seen, and an odd block, still unmelted, floating on the waves. Evening after evening it gets lighter. Soon the wood anenomes and liverwort burst forth. The wind is moist and salty, and you can smell the spring in it.

When you breathe this air and this scent into your lungs you suddenly become hopeful, venturesome and excited. On the secluded, damp forest paths the blackened leaves and withered grass of last summer still lie, but soon new life, new grass is growing over them. And still to come is a whole season of sun and warm winds. They walk along

ToivoPekkanen: an extract from "Tehtaan varjossa"

Nyt alkaa kevät tulla jo täydellä todella; lunta tuskin löytyy enää muualta kuin syvistä rotkoista ja kallioiden koloista. Sitten tosin puhaltaa parina päivänä ankara pohjatuuli yli koko maan, ilma käy jälleen koleaksi ja harmaaksi, mutta kun se on täyttänyt tehtävänsä, tulee jälleen valoisampaa ja kirkkaampaa, ja silloin on metsäkin jo niin kuivunut, että sinne hyvin sopii lähteä kävelemään. Siellä on viileätä, hiljaista ja rauhallista. Eräänä päivänä ovat jäät lähteneet merestä, rannoilla näkyvät vain ohuet, harmaat viirut ja jokin sulamatta jäänyt möhkäle kelluu aalloilla. Ilta toisensa jälkeen tulee yhä valoisampaa. Kohta puhkeavat esiin valko- ja sinivuokot. Tuuli on kosteata ja suolaista, siinä tuntuu jo kesän tuoksua.

Kun hengittää sisäänsä tätä ilmaa ja tätä tuoksua, tulee ihminen äkkiä toivorikkaaksi, rohkeaksi ja kiihkeäksi. Yksinäisillä, kosteilla metsäteillä lepäävät vielä menneen kesän mustuneet lehdet ja lakastunut ruoho, mutta pian on uusi elämä, uusi ruoho, kasvava niiden ylitse. Edessä on taas kokonainen auringon ja lämpimien tuulien aika-

paths so narrow that they have to go in single file. Eemil is in front, Samuel in the middle and Frans at the rear—that is their established custom. A brisk and still very cool wind goes whistling by, and farther away the sighing of the sea on the beaches can be heard. And what a sky it is, and what airy, white clouds sailing slowly onward on the edge of infinity! They stop for a moment to look, silent, listening and breathing deeply. . . . Later in the evening the wind drops completely, the sea sinks into complete silence, the sky darkens slowly, and here and there a solitary star lights up.

But one evening Samuel and Frans wait for Eemil in vain. They stroll up and down in the quiet street, full of puddles and mud. The weather today is damp and foggy. For more than an hour they walk up and down, but without seeing or hearing anything of Eemil. "Surely he can't be ill?" they think to themselves, but say nothing to one another of what they are thinking. At first they chat a little to each other, but the conversation soon stops of its own accord. "Where on earth can Eemil have got to, what's happened to him?" Then Samuel can't wait any longer. "Would you go and see?" he says to Frans—he's become so uneasy in his mind that he would hardly dare to do it himself.

Frans nods and sets out slowly across the street, with his hands in his pockets. Samuel sees him stepping inside the old, crooked house. Even though he stands waiting at a distance, he can almost hear how the steps and the door creak. Frans does not stay inside for long, and as he comes back he shakes his head.

"Eemil's out," he says.

"Oh, is he?" is all Samuel says. "Of course, he must have something to do in the town." But he hardly dares look Frans in the eye as he says it. His heart is literally jumping with anxiety. What does this really mean, now? Of course Eemil's got things to do, and that's why he hasn't been

kausi. He kulkevat niin kapeita polkuja, että heidän täytyy kulkea peräkkäin. Eemil on edellä, Samuel keskellä, Frans viimeisenä, sellainen on heidän vakiintunut tapansa. Vireä, vielä sangen viileä tuuli kulkee suhisten ohitse ja etäämmältä kuuluu meren huounta rantoja vasten. Ja millainen onkaan sitten taivas ja millaisia ovat nuo keveät, valkoiset pilvet, jotka hitaasti liukuvat eteenpäin äärettömyyden helmassa? He pysähtyvät hetkeksi katsomaan sitä, ovat ääneti, kuuntelevat ja hengittävät syvään . . . Myöhemmin illalla tuuli kokonaan tyyntyy, meri vajoaa syvään äänettömyyteen, taivas tummuu hitaasti ja siellä täällä syttyy jokin yksinäinen tähti.

Mutta eräänä iltana saavat Samuel ja Frans turhaan odottaa Eemiliä. He kävelevät edestakaisin hiljaisella, lätäköitä ja kuraa täynnä olevalla kadulla. Ilma on tänään kostea ja sumuinen. Toista tuntia he kävelevät edesta kaisin, mutta Eemiliä ei vain näy eikä kuulu. Ettei hän vain liene sairastunut, ajattelevat he mielessään, mutta eivät virka toisilleen mitään ajatuksistaan. Aluksi he hiukan puhelevat keskenään, mutta sitten keskustelu tyrehtyy pian itsestään. Mihin kummaan Eemil on mahtanut joutua, mitä hänelle on tapahtunut? Sitten ei Samuel jaksa enää odottaa. — Menisitkö sinä katsomaan, hän sanoo Fransille, hänen mielensä on käynyt niin levottomaksi, että itse tuskin uskaltaisi sitä tehdä.

Frans nyökkää päätään ja lähtee hitaasti, kädet taskussa kävelemään kadun yli. Samuel näkee hänen astuvan sisään tuohon vanhaan, kallellaan olevaan taloon. Vaikka hän seisookin etäällä odottamassa, voi hän melkein kuulla, kuinka portaat ja ovi narahtavat. Frans ei viivy kauan sisällä ja takaisin tullessaan hän pudistaa päätään.

— Eemil on ulkona, sanoo hän.

— Vai niin, sanoo Samuel vain, — hänellä on tietysti asioita kaupungilla. Mutta hän tuskin uskaltaa katsoa Fransia silmiin sitä sanoessaan. Hänen sydämensä oikein hypähtelee levottomuudesta. Mitä tämä nyt oikein merkitsee? Tietysti Eemilillä on joitakin asioita, joiden vuoksi

able to come today, but then he's certain to come to-
morrow. It's almost unforgivable to doubt whether he'll
come. They walk slowly on along the muddy road, unable
to say even one word to each other. Samuel is obviously
feeling cold, because he is shivering so much—his feet are
quite wet. . . . No, of course, the best thing for them is to
go home this evening and go to bed early. He looks ques-
tioningly at Frans. "Yes, I think so, too," says the latter,
"and the weather's so nasty today." The fog wraps itself
closer and closer round everything living on the earth—it
really is harmful, this grey, raw dampness, which pene-
trates right to your flesh, if not farther. It's quite senseless
to be out on such an evening when there is, after all, a room
where you could be.

The next evening Eemil is the first to be at the meeting-
place. He has such a guilty appearance that it quite hurts
Samuel to look at him. "You two must've waited a long
time for me yesterday," says Eemil. "Mother said Frans
came asking for me." "Yes," says Samuel, "we were
afraid you'd fallen ill." "I was only in the town with things
to do," says Eemil, and looks away.

They go for a stroll in the town, but everything seems
strange and sad. Samuel has a feeling all the time as though
some third person were walking between him and Eemil.
Nothing comes of any conversation now—the town looks
so dull that one scarcely feels like looking round one. And
then there's Eemil: why does he look as though he's done
something wrong? It wrings Samuel's heart vilely when he
even looks at Eemil. What's really happened? Why is
nothing like what it was, why is nothing interesting any
more?

The grass plots in the parks are just beginning to put on
a delicate green, and the grass trying to come out of the
damp, fragrant soil looks as delicate, tender and silky-soft
as fledgling birds. They bend down to look at it more
closely, touching it carefully with their hands, and drawing
its scent into their nostrils. Yes, it's very beautiful and fine,

hän ei ole voinut saapua tänään, mutta huomenna hän taas varmasti tulee. Olisi melkein rikollista epäillä, etteikö hän tulisi. He kulkevat hitaasti eteenpäin kuraisella tiellä, osaamatta puhua sanaakaan toisilleen. Samuelilla on varmaankin kylmä, koska häntä niin värisyttää, hänen jalkansa ovat aivan märät . . . Ei, kyllä heidän on parasta mennä kotiin tänä iltana ja käydä ajoissa nukkumaan. Hän katsoo kysyvästi Fransiin. — Niin minustakin, sanoo tämä, — ilmakin on niin kurja tänään. Sumu kietoutuu yhä tiiviimmin maan päällä elävien ympärille, oikein tekee pahaa tämä harmaa, raaka kosteus, joka tunkeutuu lihaan asti, ellei siitäkin syvemmälle. On suorastaan mieletöntä olla ulkona tällaisena iltana, jos kerran on huonekin, missä voi olla.

Seuraavana iltana on Eemil ensimmäisenä kohtauspaikalla. Hän on niin syyllisen näköinen, että Samuelin tekee pahaa katsoa häneen. — Te taisitte odottaa minua kauan eilen, sanoo Eemil, — äiti kertoi, että Frans kävi minua kysymässä. — Niin, sanoo Samuel, — pelkäsimme, että olet sairastunut. — Minä olin vain kapungilla asioillani, sanoo Eemil ja katsoo poispäin.

He lähtevät kaupungille kävelemään, mutta kaikki tuntuu niin vieraalta ja ikävältä. Samuelilla on kaiken aikaa sellainen tunne kuin joku kolmas henkilö kävelisi hänen ja Eemilin välissä. Keskustelusta ei tule nyt mitään, koko kaupunki on niin tylsännäköinen, tuskin viitsii katsella ympärilleen. Ja Eemil sitten, miksi hän on sen näköinen kuin olisi tehnyt jotakin pahaa? Samuelin sydäntä kouristaa ilkeästi joka kerta, kun hän vain katsookin Eemiliin. Mitä oikeastaan on tapahtunut? Miksi ei mikään ole nyt niinkuin ennen, miksi mikään ei maistu miltään?

Puistojen nurmipalstat alkavat juuri hennosti vihertää, ruoho, joka pyrkii esiin kosteasta, tuoksuvasta mullasta, näyttää niin aralta, hennolta ja silkin pehmeältä kuin linnunpoikaset. He kumartuvat katsomaan sitä lähempää, koskettavat varovasti kädellään, vetävät sieraimiinsa sen tuoksua. Niin, se on kyllä kaunista ja hienoa ja tekee

and it makes the world much happier-looking, but why can't it be enjoyed now? No, it's best to just keep on walking.

In front of the bookshop window they stop again to look at the new books. Some very interesting-looking ones have in fact just appeared. Wonder what's in them? That one over there certainly looks worth reading, and that other one, too, above it. But really, why are they standing here evaluating things just as though they had the means to buy something even occasionally? And indeed, they haven't the means—they'll just have to wait quietly till the books are acquired by the municipal library. On top of that, the library board isn't by any means always in agreement with them as to what books ought to be acquired and what ought not. It may be that they'll never in their lives lay their hands on the books they're looking at now. The best thing is to clear off again and keep on walking, to get right away from the town, even to go into the woods—there's nothing to do in the town.

And yet, is it any better in the woods today? No, the woods are just as much a failure as the town streets. True, the weather now is much better than yesterday—there's no rain or fog—but on the other hand the wind's cold, and the grassy and mossy paths are still wet after yesterday's rain. And the sea looks as though it's plotting a storm—it's grey and covered with wicked-looking patches and streaks of foam. Really, it's no pleasure to look at that. But now that they've got there, the best thing they can do is to sit down on that stone near the shore. The weather is so heavy and thick that the nearest islands are barely visible, and the wind brushes their hot cheeks wickedly.

And yet the worst thing of all is somewhere deeper within one. For a long time nothing seems to come of any talk. Eemil gazes at the sea, and looks as though he had a bad conscience. At last he turns his head and looks Samuel straight in the eye.

"Can you guess where I was yesterday?" he says.

maailman paljon iloisemman näköiseksi, mutta miksi siitä ei voi nyt nauttia? Ei, on parasta kävellä vain edelleen.

Kirjakaupan ikkunan eteen he taas pysähtyvät katselemaan uusia kirjoja. Muutamia hyvin mielenkiintoisen näköisiä on tosiaankin ilmestynyt. Mitähän ne sisältävät? Tuo varmaankin olisi lukemisen arvoinen ja myöskin tuo toinen sen yläpuolella ... Mutta mitä he oikeastaan seisovat tässä arvostelemassa ikäänkuin heillä olisi varaa edes joskus ostaa jotakin? Sitä heillä ei tosiaankaan ole, tyynesti he saavat odottaa siksi, kunnes teokset on hankittu kaupungin kirjastoon. Sitäpaitsi ei kirjaston johtokunta ole läheskään aina samaa mieltä heidän kanssaan siitä, mitä kirjoja pitäisi hankkia ja mitä ei. Voi käydä niinkin, etteivät he eläessään saa käsiinsä noita kirjoja, joita he nyt katselevat. Parasta on jälleen ottaa jalat alleen ja jatkaa matkaa, häipyä pois koko kaupungista, lähteä vaikka metsään, kaupungissa ei ole mitään tekemistä.

Mutta onko metsässä sitten parempaa tänään. Ei, metsä on vieläkin epäonnistuneempi paikka kuin kaupungin kadut. Tosin nyt on paljon parempi ilma kuin eilen, ei ole sadetta eikä sumua, mutta sensijaan on tuuli kylmää ja ruohoiset ja sammaleiset polut ovat vielä eilisen sateen jälkeen märkinä. Ja meri on sen näköinen kuin se hautoisi mielessään myrskyä, se on harmaa ja täynnä pahannäköisiä vaahtosaarekkeita ja -juovia. Ee ole tosiaankaan nautinto katsella sitä. Mutta kun he kerran ovat tulleet tänne, on heidän parasta istahtaa tuohon kivelle lähelle rantaa. Ilma on niin raskasta ja sakeata, että tuskin lähimmät saaret näkyvät, ja tuuli hivelee ilkeästi kuumenneita poskia.

Mutta kaikkein pahin on sittenkin jossakin syvemmällä ihmisen sisässä. Puheesta ei pitkiin aikoihin näytä tulevan mitään. Eemil katselee merelle sen näköisenä kuin hänellä olisi huono omatunto. Vihdoin hän kääntää päätään ja katsoo Samuelia suoraan silmiin.

— Voitko arvata, missä olin eilen? hän sanoo.

"No," says Samuel, "how could I guess that?"

Now Eemil gazes at the sea again and thinks for a moment before speaking. "I was with a girl. I don't suppose you two've got anything against that?"

"How could we have anything against it?" says Samuel impetuously. "It's your own affair, of course. Well, if you're fond of her . . ."

"Yes, well, look," says Eemil, still looking at the sea, "she works at the printer's, and we've known each other for a fair time now. Yesterday we went to the pictures."

"No need for you to bother about us at all over the matter," says Samuel earnestly, "you can be sure we shan't come between you in any way."

"I was just thinking," says Eemil in a low voice, "do you two still reckon I'm your friend?"

"Oh, of course," says Samuel, "and when you aren't going out with her you can come with us the same as you always have. Don't you think so, too, Frans?"

"I think just the same as Samuel," says Frans. His chin seems to have drooped for the moment, and he is quite obviously moved. "I reckon it's a matter just for the girl and Eemil, and not our affair at all." Then he reddens suddenly and looks away.

"Same here," says Samuel, "no need for you to bother about us."

Eemil looks them both in the face. He sees that they really do wish the best for him, that they mean just what they say. But they cannot control everything, the fact remains that they are no longer such good friends as they were before. His own feelings have cooled, too, something seems to have broken, a split has come in their friendship. And perhaps there is nothing that will mend such a split. He rises to his feet, shivering a little, for the wind is really cold today. And moreover, what's the sense in sitting out of doors on the seashore in such weather?

They return homeward, silent and troubled, and seem to have nothing to say to one another. Only when they

— En, sanoo Samuel, — kuinka minä voisin sitä arvata?
Nyt Eemil katselee jälleen merelle ja miettii hetken
aikaa, ennenkuin puhuu: — Minä olin erään tytön kanssa.
Ei kai teillä ole mitään sitä vastaan?

— Miten meillä voisi olla mitään sitä vastaan, sanoo
Samuel kiihkeästi, sehän on tietysti sinun oma asiasi. Jos
kerran pidät hänestä . . .?

— Niin, katsos, sanoo Eemil katsellen yhä merelle,
— hän on työssä kirjapainossa, ja me olemme tunteneet
toisemme jo pitemmän aikaa. Eilen me olimme elokuvissa.

— Tässä asiassa sinun ei tule ollenkaan välittää meistä,
sanoo Samuel vakuuttavasti, — voit olla varma, ett'emme
millään tavoin tule tunkeutumaan väliinne.

— Minä ajattelin vain, sanoo Eemil hiljaa, — pidättekö
te minua enää ystävänänne?

— Tietenkin, sanoo Samuel, — silloin kun sinä et mene
hänen kanssaan, voit tulla meidän kanssamme kuten
ennenkin. Etkö sinäkin ole samaa mieltä, Frans?

— Olen aivan samaa mieltä kuin Samuel, sanoo Frans.
Hänen leukansa on kuin venähtänyt alaspäin ja aivan
selvästi hän on liikuttunut. — Minun mielestän i tämä asia
koskee vain tyttöä ja Eemiliä eikä ollenkaan meitä. Sitten
hän äkkiä punastuu ja katsoo poispäin.

— Niin minustakin, vakuuttaa Samuel, — meistä sinun
ei tarvitse välittää.

Eemil katsoo heitä molempia suoraan kasvoihin. Hän
näkee, että he todellakin tahtovat hänen parastaan, että
he ajattelevat juuri niinkuin puhuvat. Mutta kaikki ei
ole heidän vallassaan, he eivät sittenkään ole enää niin
hyviä ystäviä kuin ennen. Hänen oma tunteensakin on
jäähtynyt, jotakin on ikäänkuin särkynyt, ystävyyteen on
tullut halkeama. Eikä sellaista halkeamaa voi ehkä mi-
kään korjata. Hän nousee seisomaan hiukan väristen, sillä
tuuli on tosiaankin kylmää tänään. Mitä järkeä sitäpaitsi
onkaan istua ulkona meren rannalla tällaisella ilmalla?

He palaavat kotiinpäin hiljaisina ja rauhattomina, mi-
tään puhumista heillä ei näytä olevan toisilleen. Vasta

come to a stop in their own street and are due to separate does Eemil suddenly break into speech: "If you two want, I'll drop the girl. I'll never go out with her again."

"What *are* you talking about?" Samuel objects vehemently. "Whatever sort of people do you think we are? There's no question at all of you dropping the girl because of us."

"And I do like her very much," says Eemil.

Samuel and Frans see the girl by chance one evening, when she is out walking with Eemil. They nod a little stiffly, smile and raise their hats. The girl gives them a friendly smile. She is very pretty, rosy-cheeked, with slight freckles on her cheeks and forehead. They hear her say to Eemil: "Were those the friends of yours that you were talking about?" "Yes," says Eemil. "I like them," says the girl. Then her voice and steps fade into inaudibility.

Frans and Samuel behave as though everything were in perfect order, as though complete peace and contentment were reigning in their souls. Summer comes suddenly this year—there has hardly been time to notice when it came. There is still an impression of spring, the weather now warm and fine, now raining and blowing. But then one morning there is after all a complete calm, the sun shining so brightly that it dazzles your eyes, and then you notice that the trees are in fact in full leaf, and the grass everywhere is full of sap. The summer has come. When you go into the woods, you hear all the sounds and smell all the scents of summer, a dense network of leaves makes the paths dim and mysterious—it is almost frightening to step on them in the early summer, like this.

In addition, the summer is unusually hot. It is impossible to be indoors even for a single evening. When he returns from work Samuel is often so exhausted by the heat that he has to lie down for some time before he is even able to wash and eat. And on top of everything, he feels depressed—

sitten, kun he seisovat jo omalla kadullaan ja heidän pitää erota, puhkeaa Eemil yht'äkkiä puhumaan: — Jos te tahdotte, niin minä jätän sen tytön. En mene enää koskaan hänen kanssaan.

— Mitä sinä oikein puhut, vastustaa Samuel kiivaasti.

— Minkälaisina ihmisinä sinä meitä pidätkään? Sellainen, että sinä meidän takiamme jättäisit tytön, ei voi tulla kysymykseenkään.

— Minä tosiaankin pidän hänestä paljon, sanoo Eemil.

Samuel ja Frans näkevät sattumalta tuon tytön eräänä iltana; kun hän on kävelyllä Eemilin kanssa. He tervehtivät hiukan jäykästi, hymyilevät, nostavat hattuaan. Tyttö hymyilee heille ystävällisesti. Hän on oikein sievä, punaposkinen, hiukan kesänkirjavia[1] poskilla ja otsassa. He kuulevat hänen sanovan Eemilille; — Nuoko olivat ne sinun ystäväsi, joista olet puhunut? — Niin, vastaa Eemil.

— Minä pidän heistä, sanoo tyttö. Sitten hänen äänensä ja askelensa häipyvät kuulumattomiin.

Frans ja Samuel ovat kuin kaikki olisi oikein ja paikallaan, niinkuin heidän sieluissaan vallitsisi täysi rauha ja tyytyväisyys. Kesä tulee tänävuonna yht'äkkiä, ei juuri ennättänyt huomatakaan, milloin se tuli. On yhä vielä olevinaan kevättä, välillä on lämmintä ja kaunista, välillä taas sataa ja tuulee. Mutta jonakin aamuna on sitten aivan tyyntä, aurinko heloittaa, niin että silmiä huikaisee ja silloin huomaakin, että puissa onkin jo täysi lehti ja nurmet ovat täynnä mehua. Kesä on tullut. Kun menee metsään, tuntee siellä jo kaikki kesän äänet ja tuoksut, tiheä lehtiverkko tekee polut hämäriksi ja salamyhkäisiksi, niille melkein peloittaa astua näin alkukesästä.

Sitäpaitsi on kesä tavattoman lämmin. On mahdotonta olla sisällä ainoatakaan iltaa. Palatessaan työstä on Samuel usein niin uupunut kuumuudesta, että hänen täytyy loikoilla jonkin aikaa ennen kuin jaksaa edes peseytyä ja syödä. Ja kaiken lisäksi on hänen mielensä alakuloinen, se

1. = kesakoita

depressed even in the morning when he goes to work, and still depressed at night when he goes to bed. Being alone, as he is, he dares to admit it. But what is really bothering him he cannot understand. He is angry and exasperated with himself, tugs at his hair and grumbles at himself in front of the mirror. And then at other times he tries to talk sense into himself. But it all seems to be of no use whatsoever. Indeed, reason does not seem really to have much power in this world in one matter any more than in another.

When he goes out in the evenings he feels no yearning, no hurry, it is a matter of indifference to him whether he meets anyone. Nearly every evening, however, Frans is waiting for him at the familiar old spot and often Eemil joins them, too. He goes out with the girl only two or three evenings a week. The lads now go swimming, lying on rocks on the beach, getting baked brown and healthy-looking. Every evening hundreds of other people are there, too—one might almost say that the whole town has been seized by a real swimming fever or epidemic. Everybody—male and female, old and young—is devoted to swimming. It has become the fashion: anyone who does not go in for swimming is neither human nor anything else, or at least not a person who keeps up with the times.

Later, when the evening has become cooler, they walk home together, dawdling in the woods, streets and parks, and finally stopping somewhere to chat. Sometimes it seems as if everything were as it had been before. Conversation runs on splendidly—it is often midnight before they get home. And yet nothing is as it once was—the heart is missing, suffering, one is concerned and restless, somewhere deep in one's own isolation. One can never really tell what one's heart would like, what should be done for it.

One Saturday they go to the islands to fish. The sea manages to be quite calm, with the air absolutely quivering with heat. They do some fishing, and drop a setline into the sea for the night. The night comes, light and calm, from

on alakuloinen jo aamulla, kun hän lähtee työhön, ja se on alakuloinen vielä illalla, kun hän käy nukkumaan. Näin yksin ollessaan hän uskaltaa sen tunnustaa. Mutta mikä häntä oikein vaivaa, sitä hän ei voi ymmärtää. Hän suuttuu ja vihoittelee itselleen, vetää itseään tukasta ja haukkuu peilin edessä. Ja väliin hän taas yrittää puhua itselleen järkeä. Mutta tuo kaikki ei näytä auttavan yhtään mitään. Järjellä ei näytä tosiaankaan olevan paljon sananvaltaa tässä maailmassa enempää yhdessä kuin toisessakaan asiassa.

Kun hän iltaisin lähtee ulos, ei hän tunne mitään ikävää, mitään kiirettä, on yhdentekevää, tapaako hän ketään. Melkein joka ilta Frans kuitenkin odottaa häntä vanhalla totutulla paikalla ja usein tulee Eemilkin samaan seuraan. Sen tytön kanssa hän on vain kahtena tai kolmena iltana viikossa. He menevät nyt uimaan, loikoilevat rantakallioilla, paahtuvat ruskeiksi ja terveennäköisiksi. Siellä on joka ilta myös satoja muita ihmisiä, voi melkein sanoa, että koko kaupungin on vallannut tänä vuonna oikea uimisen kuume tai kulkutauti. Kaikki ihmiset harrastavat uintia, sekä miehet että naiset, vanhat ja nuoret. Siitä on tullut muoti; joka ei harrasta uintia, ei ole ihminen eikä mikään, ei ainakaan aikaansa seuraava ihminen.

Myöhemmin, illan käytyä viileämmäksi, he kulkevat yhdessä kotiin, vetelehtivät metsässä, kaduilla, puistoissa ja pysähtyvät viimein juttelemaan johonkin. Joskus näyttää siltä kuin kaikki olisi niinkuin alussakin. Juttu luistaa mainiosti, usein on jo puoliyö ennenkuin he ennättävät kotiin. Mutta sittenkään ei mikään ole niinkuin ennen, sydän on poissa, se kärsii ja on rauhaton ja tyytymätön jossakin siellä syvällä omassa yksinäisyydessään. Ei koskaan voi oikein tietää, mitä sydän tahtoisi, mitä sille pitäisi tehdä.

Jonakin lauantaina he menevät saaristoon kalastamaan. Meri saattaa olla aivan tyyni, ilma aivan väräjöi kuumuudesta. He onkivat, laskevat pitkänsiiman mereen yöksi. Yö tulee vaaleana ja hiljaisena meren takaa ja laskeutuu

beyond the sea, and sinks down over the world, almost imperceptible. Then they light a camp-fire on the island beach—one feels so secure sitting round it. The woods have become dusky and mysterious, the coffee boils and smells good. It is so good to be alive that they do not even feel like talking. But the feeling of friendship and belonging together is stronger now than ever before. One feels clearly how it passes from one to another, uniting them more firmly than a steel chain. What if there should be nothing left of it tomorrow, if it should turn out to be merely an illusion of a summer night? The memory of it will remain nevertheless, and this memory will never die. It may fade, it may sink into oblivion for a moment, but when the right instant comes, it will creep forward again. One will remember again how young and how happy one was on a night like that and how dear the friends of one's youth are.

maailman ylle miltei näkymättömänä. Silloin sytytetään nuotio saaren rannalle, sen ääressä tuntuu niin turvalliselta istua. Metsä on käynyt hämäräksi ja salaperäiseksi, kahvi kiehuu ja tuoksuu hyvälle. On niin hyvä olla, ettei tee mieli puhuakaan. Mutta ystävyyden ja yhteenkuuluvaisuuden tunne on nyt väkevämpi kuin koskaan ennen. Aivan tuntee, kuinka se kulkee sinusta minuun ja yhdistää lujemmin kuin teräsketju. Mitäpä siitä, jos sitä ei huomenna enää olisikaan, jos se osoittautuisikin vain kesäyön harhakuvaksi. Siitä jää kuitenkin muisto, ja tämä muisto ei koskaan kuole. Se saattaa haalistua, se saattaa joutua unhoonkin hetkeksi, mutta kun oikea hetki tulee, pujahtaa se jälleen esiin. Muistaa taas, kuinka nuori ja kuinka onnellinen oli sellaisena yönä ja kuinka rakkaita ovat nuoruudenystävät.

It was an April day, lingering in the past, yet reaching out eagerly to the future. Children's voices echoed from the courtyard below. A pair of sparrows had set up house in the ventilator opening. The man standing at the window saw them flying to their nest with dry grass stalks and bits of down in their bills.

The man was thirty-five years old. He had thought his life was full and rich, but time had quietly revealed its emptiness. The future no longer concerned him, because he was not hoping for anything. He was married, but his wife had gone to her parents' home. They had no children, nor would they have any. The man thought of his wife with pleasure. They had long since discussed every subject and then left it at that. They were good friends.

The man ate well, drank well and did not worry about other people's affairs. This he considered a virtue.

He liked people and believed they liked him, too. He believed he made an impression on women. Not deeply, not so that they fell in love with him, but in the way that his presence comforted them, and transported them into the

Matti Hälli: Graniittia

Oli huhtikuun päivä, menneisyydessä viipyvä, mutta samalla kiihkeästi tulevaisuuteen kurkoittuva. Lasten äänet kajahtelivat alhaalta pihamaalta. Pari varpusta oli pesiytynyt tuuletusaukkoon. Mies näki ikkunan ääressä seisoessaan niiden pyrähtävän pesäänsä kuivia heinänkorsia ja untuvia nokassaan.

Mies oli kolmenkymmenenviiden ikäinen. Hän oli luullut elämäänsä täyteläiseksi ja rikkaaksi, mutta aika oli hiljaa paljastanut sen tyhjyyden. Tulevaisuus ei enää askarruttanut häntä, sillä hän ei toivonut mitään. Hän oli naimisissa, mutta vaimo oli matkustanut vanhempiensa luo. Lapsia heillä ei ollut, eivätkä he saisikaan niitä. Mies ajatteli mielihyvin vaimoaan. He olivat kauan sitten keskustelleet kaikista asioista ja jättäneet ne sitten. He olivat hyviä ystäviä keskenään.

Mies söi hyvin, joi hyvin, eikä vaivannut mieltään toisten ihmisten asioilla. Tätä hän piti hyveenä.

Hän piti ihmisistä ja uskoi, että nämäkin pitivät hänestä. Hän uskoi vaikuttavansa naisiin. Ei syvällisesti, ei niin että he olisivat rakastuneet häneen, vaan siten että hänen läsnäolonsa rauhoitti heitä ja siirsi heidät samaan uneen,

same dream that he dreamed. Everything happened in this dream as though it were natural and healthy, without any need to talk about it. He liked taciturn women.

The telephone bell rang. He gave his number. A very familiar, quiet voice asked:

"Are you coming over today?"

The man was silent for a moment. He was not thinking the matter over, but discovering what he felt when he heard this voice. It sounded entirely pleasing. He replied:

"At the usual time."

The woman rang off. She was very sparing with words, but this taciturnity did not come from slowness of thought, nor was it play-acting. She simply revealed herself by other means, in point of fact by her mere existence.

The man threw himself into an armchair and lit a cigarette, still thinking how this woman pleased him. True, some months had passed since they had last met. Perhaps she had been out of town? They had not discussed one another's affairs.

The woman had come close to him quite imperceptibly, but had remained in the half-light, without coming clearly into sight. But the man had felt her presence very strongly. She was reliable and safe, and demanded nothing for herself. One could talk to her, because she was a splendid listener, but one could also be silent in her company without the feeling of closeness suffering thereby. It was not necessary to be intimate with her.

He smiled as he remembered how he had often put a book in readiness in his briefcase, gone to see the woman, got into bed without a single word and begun to read. She had raised his pillow, examined his clothes, repaired anything that needed it, had sat silently, dark and secure with her needlework, her black hair gleaming in the lamplight, her skilful hands alive. Sometimes he was aware that she was looking at him, but did not return the glance.

jota hän uneksi. Kaikki tapahtui tässä unessa luonnollisena ja terveenä, ilman että siitä tarvitsi puhua. Hän piti vaiteliaista naisista.

Puhelin soi. Hän sanoi numeronsa. Hyvin tuttu hiljainen ääni kysyi:

— Tuletko tänään?

Mies oli tuokion vaiti. Hän ei miettinyt asiaa, vaan tunnusteli, millaiselta tämän äänen kuuleminen hänestä tuntui. Se tuntui yksinomaan miellyttävältä. Hän vastasi:

— Tavalliseen aikaan.

Nainen sulki puhelimen. Hän oli hyvin harvapuheinen, mutta tämä harvapuheisuus ei johtunut ajatuksen hitaudesta eikä ollut myöskään näyttelemistä. Hän vain ilmaisi itsensä muilla keinoilla, oikeastaan vain pelkällä olemassaolollaan.

Mies heittäytyi nojatuoliin, sytytti savukkeen ja tunsi yhä, että tämä nainen miellytti häntä. Olikin kulunut jo muutamia kuukausia siitä kun he olivat viimeksi tavanneet. Ehkä nainen oli ollut poissa kaupungista· He eivät kyselleet toistensa asioita.

Nainen oli tullut hänen läheisyyteensä aivan huomaamattomasti, mutta jäänyt puolivalaistukseen tulematta selvästi näkyviin. Mutta mies oli tuntenut voimakkaana hänen läsnäolonsa. Hän oli luotettava ja turvallinen, eikä vaatinut mitään itselleen. Hänelle saattoi puhua, sillä hän oli erinomainen kuuntelija, mutta hänen seurassaan saattoi myös olla vaiti, ilman että läheisyyden tunne siitä kärsi. Hänen kanssaan ei tarvinnut seurustella.

Mies hymähti muistaessaan, miten hän oli usein varannut salkkuunsa kirjan, mennyt naisen luona juuri sanaakaan sanomatta vuoteeseen ja alkanut lukea. Nainen oli korottanut hänen päänalustaan. Oli tarkastanut hänen vaatteensa. Korjannut, jos jotakin oli vialla. Istunut äänettömänä, tummana ja turvallisena neulomuksineen, musta tukka kiiltäen lampunvalossa, taitavat kädet eläen. Joskus mies tiesi, että nainen katseli häntä, mutta ei vastannut katseeseen.

He closed his eyes and recalled vividly what she was like when she came to him in the dark from her own cool bed, the points of the rounded breasts becoming firm under the fine silk of the nightdress. The warm silence and the deep repose.

He opened his eyes and looked at the clock. It was time to go. For a moment he eyed his bookcase, but left the books this time. Of course they had not met for several months. Her nearness would make all the depressing thoughts disappear and afterwards there would remain the mute feeling of comfort.

The woman lived in a little, quiet block, with no lift and no curious eyes on the staircase. An expensive block. Everything connected with her was pleasantly trouble-free and seemed completely acceptable and right.

The sky had cleared and widened over the buildings and streets. Rain had left a cool, fresh smell in the air. The windows of the houses gleamed. The light reminded him of former springs, when the same light had turned his brain.

He suddenly felt he was a good man. It was a disturbing thought and before he could consider it completely it was gone.

The woman was waiting for him in the street. It was a good thing, he thought, that I didn't bring a book. It would have been a nuisance to carry that about. Then he thought: and she does look very attractive. Nice to go walking with her. She's just right. Not many people know what they ought to look like, but she does.

They greeted one another. Rather like strangers, he thought. Only the feel of her hand in his and the flashing glances were familiar.

"Let's walk," she said. Her low, calm voice was in harmony with her nature.

The man enjoyed walking. He did not feel the street under the soles of his heavy walking shoes. They walked through a park where birch trees grew and left the birches

Mies sulki silmänsä ja tunsi voimakkaasti, millainen nainen oli tullessaan pimeässä hänen luokseen omasta viileästä vuoteestaan. Pyöreiden rintojen kovenevat nipukat yöpaidan hienon silkin alla. Lämmin hiljaisuus ja syvä lepo. Hän avasi silmänsä ja katsoi kelloa. Oli aika lähteä. Hetken hän silmäili kirjakaappiaan, mutta antoi kirjojen olla tällä kertaa. Eiväthän he olleet tavanneet useaan kuukauteen. Naisen läheisyys saisi kaikki painostavat ajatukset häviämään, ja jäljelle jäisi mykkä hyvänolon tunne.

Nainen asui pienessä, hiljaisessa talossa, jossa ei ollut hissiä eikä uteliaita silmiä porraskäytävässä. Kalliissa talossa. Kaikki mikä liittyi häneen, oli miellyttävän vaivatonta ja tuntui täysin hyväksyttävältä ja oikealta.

Taivas oli selkiintynyt ja avartunut talojen ja katujen ylle. Ilmassa tuntui sateen viileä jälkituoksu. Talojen ikkunat välähtelivät. Valo toi miehen mieleen entiset keväät, jolloin sama valo oli hullaannuttanut hänet.

Hän tunsi äkkiä olevansa hyvä ihminen. Se oli hämmentävä ajatus, eikä hän ehtinyt ajatella sitä loppuun, kun se jo hävisi.

Nainen odotti häntä kadulla. Olipa hyvä, mies ajatteli, etten ottanut kirjaa mukaani. Sitä olisi ollut epämukava kanniskella. Sitten: hänhän on oikein miellyttävän näköinen. Hänen kanssaan on hyvä kävellä. Hän on juuri sellainen kuin hänen pitää olla. Harvat tietävät, millaisia heidän pitää olla, mutta hän tietää.

He tervehtivät. Tavallaan kuin vieraat ihmiset, ajatteli mies. Vain käden tuntu kädessä ja katseen välähdys oli tuttua.

— Kävellään, virkkoi nainen. Hänen matala, rauhallinen äänensä oli sopusoinnussa hänen olemuksensa kanssa.

Miehestä oli miellyttävää kävellä. Katu ei tuntunut raskaiden kävelykenkien pohjan alla. He kulkivat koivua kasvavan puiston läpi, ja koivut jäivät heidän taakseen

behind them, white, straight and solemn. They came to the coast road, and the water of the bay opened up, dead calm and blue-tinged, in front of them. On the beach an upturned boat was being repaired. There was a smell of tar and linseed oil in the air. A gull plunged down to the water and rose into the air again, squawking in disappointment. Where it had broken the surface of the water rings of low waves were formed.

The man gazed at them and his thought fell into the old channel of occurrence and consequence. Break the surface of calm water and you get a ring on the water, which disappears a moment later from everywhere except yourself.

They walked on among old neglected gravestones. Those on whose graves the stones had been erected had died long ago. The ring had finally disappeared in the infinitude of oblivion.

They walked past the slender tower of the crematorium. Perhaps I ought to join the crematorium association, he reflected inconsequentially. Then, more earnestly: laughter and death hand in hand. "All is laughter, all is dust, all is nothing".

They reached the cemetery. There were some people moving among the graves, weeding the grass and planting flowers. They were in black and a starling, whistling in a tree-top, was in black, too. But the black it wore was bright. This was not its graveyard.

"It must be months since I last saw you," said the man.

"I was in hospital."

"Very ill?"

"For a time," she said.

"I would have come to see you, if . . ."

"Yes."

Just like her, thought the man.

As the moments passed, the nuances of light and colour were changing before him. The gilded letters of the stones

valkeina, suorina ja juhlallisina. He tulivat rantatielle ja merenlahden sinertävä vesi aukeni tyvenenä heidän eteensä. Rannalla korjattiin kumoonkäännettyä venettä. Tervan ja maaliöljyn haju tuntui ilmassa. Lokki pudottautui veteen ja nousi jälleen ilmaan pettyneesti rääkäisten. Sen särkemä vedenkalvo muovautui mataliksi rengasaalloiksi.

Mies katseli niitä ja hänen ajatuksensa kulkeutui vanhaan uomaan: tapahtuma ja vaikutus. Riko tyven pinta, saat rengasaallon, joka hetken kuluttua häviää muualta paitsi itsestäsi.

He kulkivat vanhojen hylättyjen hautakivien lomitse. Ne, joiden haudoille kivet oli pystytetty, olivat ammoin kuolleet. Rengasaalto oli lopullisesti kadonnut unohduksen äärettömyyteen.

He kulkivat krematorion hoikan tornin ohitse. Ehkä minun pitäisi liittyä krematorioyhdistykseen, tuumi mies hajanaisesti. Sitten vakavammin: nauru ja kuolema käsi kädessä. Kaikki on naurua, kaikki on tomua, kaikki on ei mitään.

He tulivat hautausmaalle. Joitakin ihmisiä liikkui hautojen välissä kitkemässä ruohoa ja istuttamassa kukkia. He olivat mustissa ja mustissa oli myös puun latvassa viheltävä kottarainen. Mutta sen musta oli hilpeätä. Tämä ei ollut sen hautausmaa.

— En ole varmaankaan tavannut sinua kuukausiin, sanoi mies.

— Olin sairaalassa.

— Pahasti sairaana?

— Ohimenevästi, virkkoi nainen.

— Olisin voinut tulla katsomaan, jos . . .

— Niin.

Hänen tapaistaan, tuumi mies.

Hetki hetkeltä valojen ja värien häivähdykset muuttuivat hänen silmissään. Kivien kullatut kirjaimet eivät

no longer gleamed. The shadows were turning purple. The sounds of the outer world were growing quieter. They came to the farthest part of the cemetery, near to the low stone wall. They stopped. The man, following the direction of the woman's gaze, saw a low granite gravestone. On the grey base was the granite figure of a woman, half sunk on to the stone, the face pressed to the stone, the hair flowing over the face on to the stone, the breasts and loins sinking into the stone. Not bitter, but submissive.

"Beautiful," said the man in appraisal, as he examined the wording. The grave was of a child which had managed to live only a few days. Dead almost at birth.

"Yes," the woman agreed.

They walked away. The granite figure remained in the man's thoughts. He seemed to see it still, although it was behind him. It drew his thoughts to itself, and roused a strange disquiet in him. There was something changing in his inner being and coming into his consciousness. He heard himself ask:

"What hospital were you in?"

enää loistaneet. Varjot muuttuivat sinipunerviksi. Ulkopuolisen maailman äänet hiljenivät. He tulivat hautausmaan äärimmäiseen kolkkaan lähelle matalaa kiviaitaa. Seisahtuivat. Mies seurasi naisen katseen suuntaa ja näki matalan graniittisen hautakiven.

Harmaalla alustalla oli naisen graniittihahmo puoleksi kiveen vajonneena, kasvot kiveen painuneina, tukka valuen niiden ylitse kiveen, rinnat ja lantio kiveen upoten. Ei katkera, vaan alistuva.

— Kaunis, arvioi mies tutkien kirjoitusta. Hauta oli lapsen, joka oli ehtinyt elää vain muutaman päivän. Kuollut melkein syntymäänsä.

— Niin, myönsi nainen.

He lähtivät poispäin. Graniittihahmo viipyi miehen ajatuksissa. Oli kuin hän olisi nähnyt sen, vaikka se oli hänen takanaan. Se veti hänen ajatuksiaan puoleensa ja herätti hänessä oudon levottomuuden. Jokin oli muuttumassa hänessä itsessään ja tulemassa tietoiseksi. Hän kuuli kysyvänsä:

— Missä sairaalassa olit?

FREE PUBLIC LIBRARY
TOWNSHIP OF UNION

———

Books are loaned for 28 days and can be renewed for two weeks. Current year periodicals for one week; others for two weeks.

Borrowers are responsible for all damage to and loss of library books and magazines.

9/23/87 mw

DEMCO